SAMMLUNG TUSCULUM

XENOPHON

ROSS UND REITER

Griechisch–deutsch

Herausgegeben und übersetzt
von Kai Brodersen

DE GRUYTER

ISBN 978-3-11-059562-8
e-ISBN (PDF) 978-3-11-059423-2

Library of Congress Control Number: 2018935450

Bibliografische Information der Deutschen Nationalbibliothek
Die Deutsche Nationalbibliothek verzeichnet diese Publikation in der Deutschen Nationalbibliografie; detaillierte bibliografische Daten sind im Internet über http://dnb.dnb.de abrufbar.

Für Einbandgestaltung verwendete Abbildungen:
Cologny (Genève), Fondation Martin Bodmer, Cod. Bodmer 5: 3v/4r
(www.e-codices.unifr.ch)

Satz: Kai Brodersen, Erfurt
Druck und Bindung: Hubert & Co. GmbH & Co. KG, Göttingen

∞ Gedruckt auf säurefreiem Papier
Printed in Germany

www.degruyter.com

INHALT

BEILAGEN

ANHANG

Würde sich jemand wünschen,
fliegen zu können, so gibt es
nichts unter den menschlichen Dingen,
was diesem näher käme, als das Reiten.
(Xenophon, *Hipparchikos* 8, 6)

EINFÜHRUNG

Autor und Werk

X – Xenophon

> Xenophon war der Sohn des Gryllos, ein Athener aus dem Demos Erchia, bescheiden und überaus gutaussehend. Ihn soll Sokrates bei einer Begegnung in einem engen Gässchen mit vorgestrecktem Stock angehalten und am Weitergehen gehindert haben, wobei er fragte, wo man die unterschiedlichen Lebensmittel einkaufen könne. Nach erhaltener Auskunft fragte er weiter, wo denn die Menschen gut und recht werden könnten. Als jener keinen Rat wusste, habe er gesagt: »Folge mir also und lerne!« Von da an war er ein Schüler des Sokrates. (Diogenes Laërtios 2,48)

So beginnt im 3. Jahrhundert n. Chr. der Biograph Diogenes Laërtios seine Lebensbeschreibung des Xenophon, die vollständig am Ende dieses Bandes (S. 156ff.) nachzulesen ist. Die Angaben lassen sich anhand von Hinweisen in Xenophons erhaltenen Werken überprüfen und ergänzen. Xenophon wurde demnach wohl zwischen 430 und 425 v. Chr. in eine wohlhabende athenische Familie geboren. Sie gehörte zum »Ritterstand«, also zu der Schicht meist oligarchisch gesinnter Bürger, die aufgrund ihres Vermögens im Krieg nicht als schwerbewaffnete Fußsoldaten (Hopliten), sondern als Reiter dienten, da sie sich den teuren Kauf und Unterhalt von Pferden (und die entsprechende Ausbildung ihrer Söhne) leisten konnten.

Xenophon wird als Schüler des Philosophen Sokrates (469–399 v. Chr.) vorgestellt. Zu dessen Kreis gehörten neben anderen auch der Sophist Kritias (460–403 v. Chr.), der später politisch aktiv wurde, und der Philosoph Platon (428/7–348/7 v. Chr.), der in Athen eine eigene Philosophenschule in dem *Akademia* genannten Hain (s. u. G) gründete. Auch wenn Xenophon selbst Werke über Sokrates schrieb, sollte sein Lebensweg freilich eine andere Richtung nehmen.

Um die Vorherrschaft in Griechenland konkurrierten seinerzeit die demokratisch verfassten Athener und die eher oligarchisch gesinnten Lakedaimonier (Spartaner). Im sogenannten »Peloponnesischen Krieg« wurde diese Rivalität seit 431 v. Chr. militärisch ausgefochten, bis 404 v. Chr. Athen kapitulierte. Nach einigen Wirren rissen in Athen im August desselben Jahres dreißig Oligarchen unter Führung des eben genannten Kritias die Herrschaft an sich, die als »Dreißig Tyrannen« bezeichnet wurden und acht Monate lang ein Schreckensregiment ausübten.

Xenophon stand dieser Gruppe wohl nahe, zumal deren Mitglieder seiner eigenen Schicht entstammten. Nach dem Zusammenbruch der oligarchischen Herrschaft 403 v. Chr. verließ er jedenfalls die Stadt Athen, um sich mit Hilfe eines im benachbarten Boiotien heimischen Freundes der Familie als Söldner zu verdingen. Gerade hatte sich der persische Prinz Kyros d. J. bei den Spartanern um militärische Unterstützung für den Plan bemüht, seinen Bruder Artaxerxes II. als Perserkönig abzusetzen und selbst die Herrschaft zu übernehmen. Für seine Streitmacht warb er auch Söldner an, und so trat Xenophon in die Dienste des Kyros. Allerdings kam jener 401 v. Chr. in einer Schlacht gegen seinen Bruder bei Kunaxa nördlich von Babylon ums Leben. Xenophon nahm nun die Aufgabe an, das mitten im Perserreich stehende griechische Söldnerheer zurück nach Westen zu führen und brachte die Soldaten in entbehrungsreichen Märschen ans Schwarze Meer.

Im Winter 400/399 v. Chr. schloss Xenophon sich kurz dem Heer des Seuthes II. an, der den Stamm der Odrysen (etwa im Bereich des heutigen Bulgarien) beherrschte. Die Führung der Söldner übergab Xenophon einem spartanischen Feldherren und kämpfte bald mit dem von ihm hochgeschätzten Spartanerkönig Agesilaos gegen die Perser sowie 394 v. Chr. gegen ein Bündnis, das in der Feindschaft gegen Sparta geeint war und zu dem auch Xenophons Heimat Athen gehörte.

Spätestens jetzt wurde dem Xenophon das athenische Bürgerrecht aberkannt. Als Verbannter lebte er auf Einladung Spartas nun mit seiner Familie auf einem Landgut in Skillus im Westen der von Sparta beherrschten Peloponnes. Als sorgenfrei etablierter Landedelmann beschäftigte er sich nun »mit Jagd, mit Bewirtung seiner Freunde und Abfassung seiner Historien«, wie Diogenes Laërtios (2,52) angibt. Als Sparta dann 371 v. Chr. infolge der verlorenen Schlacht von Leuktra die Vorherrschaft über Griechenland an Theben in Boiotien verlor, musste Xenophon Skillus verlassen und ging wohl nach Korinth.

Drei Jahre später aber brachte eine Wiederannäherung von Sparta und Athen die Aufhebung seiner Verbannung und eröffnete ihm damit die Möglichkeit zur Rückkehr nach Athen. Unbekannt ist, ob Xenophon sich selbst darauf einließ, doch seine Söhne zogen sicher nach Athen und dienten als athenische Reiter in der Schlacht von Mantineia 362 v. Chr., in der Athen und seine Verbündeten gegen die Boiotier unter Führung des Epameinondas von Theben kämpften. Dies konnte man bald auf einem Gemälde in der Stoa des Zeus Eleutherios an der Westseite der *Agora* von Athen (s. u. S) sehen, das heute zwar verloren ist, das aber noch im 2. Jahrhundert n. Chr. der Reiseschriftsteller Pausanias schilderte:

> Hier ist ein Bild von der Leistung der Athener bei Mantineia, die ausgeschickt worden waren, um den Lakedaimoniern zu helfen.

> Geschrieben haben darüber viele, besonders aber Xenophon eine Geschichte des ganzen Krieges. … Auf dem Bild dargestellt ist ein Reitergefecht, bei dem Gryllos, Sohn des Xenophon, und in der boiotischen Reiterei Epameinondas aus Theben am berühmtesten waren.
> (Pausanias 1,3,4)

Einige Jahre später starb Xenophon, »ein Mann, der auch sonst gut war, insbesondere aber ein Freund der Pferde (*philippos*), der Jagd (*philokynegos*) und der Taktik (*taktikos*), wie aus seinen Schriften offenbar wird« (Diogenes Laërtios 2,56).

Xenophons erhaltene Werke umfassen neben Schriften, die er als Schüler des Sokrates verfasste (*Memorabilien, Symposion, Apologie*), vor allem historische Arbeiten, so die *Anabasis*, in der er die Geschichte des Aufstiegs und Falls Kyros' d. J. und die Rückführung der griechischen Söldnertruppe schilderte, und die *Hellenika*, eine Geschichte Griechenlands (*Hellas*) der Jahre von 411/0 bis 362/1 v. Chr., die damit das unvollendete Geschichtswerk des Thukydides (vor 454 – nach 399 v. Chr.) fortsetzte. Hinzu kommen die *Kyropädie,* eine didaktisch-romanhafte Biographie des Gründers des Perserreichs, Kyros' d. Ä., und eine Biographie des o. g. Spartanerkönigs Agesilaos (*Agesilaos*),

Mit Fragen von Herrschaft und Verfassung befassen sich auch die Werke *Hieron* und *Staat der Spartaner*; das erstgenannte Werk ist als Dialog des Tyrannen Hieron von Syrakus mit dem Dichter Simonides gestaltet und erörtert, wie eine Tyrannis in eine gerechte Monarchie umgewandelt werden könne, das zweitgenannte preist die vom mythischen Staatsgründer Lykurgos geschaffene Ordnung Spartas als beste Verfassung. Wirtschaftlichen Fragen widmen sich die *Poroi* (Einkünfte) und der *Oikonomikos* (Haushaltsführung), der Jagd die Schrift *Kynegetikos* und Ross und Reiter die beiden als Memoranden (*hypomnemata*) bezeichneten Schriften *Hipparchikos* und *Peri hippikes*, die das vorliegende Buch präsentiert.

H – *Hipparchikos* und *Peri hippikes*

Der *Hipparchikos (logos)* ist eine Abhandlung (*logos*; das Wort ist im Titel impliziert, der nur das Adjektiv zu *Hipparchos* umfasst) über den *Hipparchos*, den Befehlshaber der athenischen Reiterei (s. u. T). Das Werk *Peri hippikes (technes)*, das an seinem Ende (12,14) auf den *Hipparchikos* verweist, bietet weiterführende Informationen »über die reiterliche (Kunst)« (auch das Wort *techne* ist nur impliziert). Beide Werke behandeln männliche Pferde, die für einen Kriegseinsatz tauglich sein sollen, auch wenn sie vorwiegend im Frieden – etwa bei Prozessionen und Paraden – vorgeführt werden, und beide Werke sind wohl in den 360er Jahren v. Chr. entstanden.

Fachbücher und Fachbegriffe

E – Experten

Xenophon präsentiert jedes der hier vorgestellten Werke als *hypomnema*, als Memorandum eines Experten, und setzt dabei voraus, dass sein Publikum einige Fachbegriffe ohne weitere Erläuterung versteht. Um einer heutigen Leserschaft das Verständnis der Werke zu erleichtern, werden im Folgenden die wichtigsten Fachbegriffe erklärt. Auf diese Erläuterungen wird in der Übersetzung jeweils mit einem hochgestellten Großbuchstaben verwiesen.

Xenophons Werke über Ross und Reiter waren nicht die ersten Fachbücher zu diesen Themen. Bereits vor ihm hatte Simon von Athen ein Werk zur Reitkunst verfasst, von dem Xenophon annimmt, dass seine Leserschaft es ebenso kennt wie ein Denkmal, das Simon sich selbst am *Eleusinion* in Athen (s. u. S) gesetzt hatte. Simons Werk ist uns nur in Fragmenten erhalten, deren umfangreichstes – wie auch Xenophons Œuvre – nur in mittelalterlichen Abschriften vorliegt. Weitere Bruchstücke aus Simons Schrift sind als kurze Belege für die im klassischen Athen gesprochene Sprache von Iulius Polydeukes (Pollux), einem im späten 2. Jahrhundert n. Chr. in Athen wirkenden Gelehrten, und von dem byzantinischen *Suda*-Lexikon aus dem 10. Jahrhundert n. Chr. überliefert. Die so erhaltenen Fragmente von Simons Werk sind im vorliegenden Buch zusammengestellt. Ein Vergleich von Simons Ausführungen mit denen bei Xenophon zeigt, wie Xenophon darum bemüht ist, allzu viel Fachvokabular zu vermeiden, etwa die Begriffe *metakynion* (Fessel) oder *hedra* (Gesäß), die Simon (*Frg.* 1,5 bzw. 10) ohne Erklärung verwendet, Xenophon aber nur umschreibt (Xenophon, *Peri hippikes* 1,4).

K – Körper des Pferdes

Damit ist bereits angesprochen, wie Xenophon den Körper des Pferdes beschreibt. Er verwendet dafür fast durchweg Begriffe, die auch für die Körperteile des Menschen üblich waren (nachstehend sind in Klammern die deutschen Fachbegriffe bei Pferden genannt). So spricht er vom Kopf (*kephale*) mit der Stirn (*koryphe*), dem Haupthaar (*chaite*, »Mähne«) und dem Stirnhaar (*prokomion*, »Schopf«), von Ohr (*ous*), Auge (*ophthalmos*), Nase (*mykteres*, »Nüstern«) und Mund (*stoma*, »Maul«), vom Unterkiefer (*siagon*) und dem anschließenden Einbug (*synkampe*) sowie von Lippen (*cheile*, »Lefzen«) und Zähnen (*odontes*). Auch Hals (*trachelos*) und Nacken (*auchen*), Schulter (*omos*), Schulterknochen (*akromia*, »Widerrist«) und Schulterblatt (*omoplate*), Rücken (*nothos*), Rückgrat (*rachis*), Rippen (*pleura*) und Weichen (*keneon*) entsprechen den beim Menschen verwendeten Begriffen, ebenso Brust (*sternon*), Bauch (*gaster*), Hoden (*orcheis*), Lende (*osphys*) und die Hüftknochen (*ischia*, »Kruppe«).

Auch die Beine (»Arme«) des Pferdes beschreibt Xenophon mit Begriffen, die beim Menschen verwendet werden, und unterscheidet dann nur die »Vorderpartie« und die »Hinterpartie«. So kennt er unterhalb der Schulter bzw. der Hüfte den Oberschenkel (*meros*), das Knie (*gony*, »Fußwurzel«; s. u.), den Unterschenkel (*skelos*) mit dem Schienbein (*kneme*, »Röhre«) und dem Wadenbein (*perone*, »Griffelbein«). Dass die Beine des Pferdes gar keine Knie haben, sondern das vermeintliche Knie das Sprunggelenk und der Unterschenkel der Fuß ist, kann man Xenophon nicht entnehmen; es geht ihm offenbar vor allem um Erkennbarkeit der Körperteile für den Laien.

Für die Aufsitzstelle (*hedra*, heute »Sattellage«, doch kannte die Antike keinen Sattel; s. u. Z), den Schweif (*oura*, bei Simon *kerkos*) und Teile des Pferdefußes können keine beim Menschen üblichen Begriffe verwendet werden. Xenophon nennt hier das Sprunggelenk (*astragalos*), die Köte (*kynepous*), die Partie unterhalb davon (»Fesseln«; s. o. E) sowie den Huf (*hople*), der aus Hufwand (*onyx*, sonst »Fingernagel«) und »Schwalbe« (*chelidon*, »Sohle«) besteht. Offenbar wurde die Hufsohle deshalb als »Schwalbe« bezeichnet, weil der heute sogenannte Strahl in die Sohle des Pferdes wie ein Schwalbenschwanz hineinragt.

Von besonderer Bedeutung für das Zaumzeug (s. u. Z) ist der für Pferde typische zahnfreie Raum zwischen Schneide- und Backenzähnen, die sogenannte »Lade« (*gnathos*); Xenophon spricht von ihr meist in der Zwei- oder Mehrzahl, da beide Seiten der Lade, die rechte und die linke, für die Übermittlung von Befehlen mittels einer Trense (s. u. Z) stets gleich empfindlich sein sollen.

Übrigens nutzt Xenophon auch für die Fütterungszeiten dieselben Begriffe wie für die Mahlzeiten beim Menschen, nämlich das »Frühstück« (*ariston*), das man am Vormittag einnahm, und die »Hauptmahlzeit« (*deipnon*), die es am Ende des Arbeitstages gab. In der vorliegenden Übersetzung werden, soweit möglich, stets wie bei Xenophon die »menschlichen« Begriffe verwendet.

Z – Zaumzeug

Pferde, auch Kriegspferde, waren in der Antike deutlich kleiner als heute. Hufeisen verwendete man nicht, weshalb die Abhärtung der Hufwände von besonderer Bedeutung war. Steigbügel gab es ebenfalls nicht; der Reiter konnte sich entweder mit einem Sprung auf das Pferd schwingen, mit einer mechanischen Hilfe (etwa einem Speer zum Abstützen) aufsteigen oder »auf persische Art« durch Unterstützung von anderen, die ihm (etwa mit einer »Räuberleiter«) Hilfestellung leisteten, auf das Pferd gelangen. Auch konnte ein Pferd darin geübt werden, sich durch Ausdehnen der Beine etwas abzusenken und so dem Reiter das Aufsitzen zu erleichtern.

Da die griechischen Reiter nur hemdartige Gewänder und Umhänge oder Mäntel, aber keine Hosen trugen – diese galten als typisch für Barbaren –, war dabei besonders darauf zu achten, dass die Reiter sich keine Blöße gaben. Ein Sattel wurde nicht verwendet, allenfalls eine Reitdecke als Auflage auf dem Pferderücken (*ephippios, epochos*), die Reiter und Ross schonen sollten.

Das antike Zaumzeug (*chalinos*) bestand aus Zügeln (*heniai*) und, wie bei der Trensenzäumung heute, aus Riemen für den Kopf des Tieres, an denen eine durch das Maul geführte Trense (ebenfalls *chalinos*) befestigt waren. Im Einzelnen bestand das sog. Kopfzeug dieser Zäumung aus einem Genickstück, das von einem Stirnriemen in der gewünschten Position gehalten wurde und dessen Abstreifen durch das Pferd ein Kehlriemen verhinderte, sowie den auf beiden Seiten des Kopfs verlaufenden Backenstücken, an denen die Trense im Maul des Pferdes befestigt war. Die Trensen bestanden aus unterschiedlich geformten, in der Mitte mit einem Gelenk (etwa einem Ring) versehenen Walzen (*trochoi*) in Form von Achsen (*axones*), die das Mundstück (*stomion*) bildeten, und seitlich angebrachten Knebeln, die ein Verrutschen des Mundstücks verhinderten, sowie Ringen, mit denen die Zügel verbunden wurden.

Zog der Reiter an den Zügeln oder lockerte er sie, veränderte er damit den Druck der Trense auf die Laden (s. o. K) des Pferdes und konnte so einem entsprechend ausgebildeten Pferd klare Zeichen (*semeia*, »Hilfen«) übermitteln. Nötigenfalls konnten diese Befehle mit einem Sporn (*myops*) verstärkt werden, der an der Ferse des Reitstiefels angebracht war und auf die Weichen (s. o. K) des Pferdes wirkte.

P – Pflege

War ein Pferd nicht im Einsatz, sondern im Stall angebunden, in dem es Futter aus einer Krippe (*phatne*) nehmen konnte, oder war es auf dem Wälzplatz (*kalistra*), wurde ihm ein Halfter (*epiphatnion*) angelegt, das es am Weglaufen hinderte. Ein Beißkorb (*kemos*) sollte überdies unerwünschtes Beißen verhindern.

Für das Striegeln (*psegsis*) wurden keine Bürsten oder Schwämme eingesetzt, sondern entweder Schabhölzer oder -eisen oder aber die Hände des Pferdepflegers. Neben Wasser kamen dabei auch – wie bei Menschen – pflegende Öle zum Einsatz.

An Pferdekrankheiten erwähnt Xenophon nur die *krithiasis* (»Gersten«-Krankheit), die nach antiker Auffassung durch ein Überfressen des Pferdes an frischer Gerste eintritt und eine Entzündung am Fuß des Pferdes verursacht, die heute als »Hufrehe« bezeichnet wird. Heilmittel führt Xenophon nicht an; seine Werke sind kein Handbuch der Pferdeheilkunde (wie es Simon laut *Frg.* 2 geschrieben haben soll), sondern eine praktische Anleitung für den Kauf und Einsatz von kriegstauglichen Reitpferden.

Neben solchen Pferden kamen in den Gehöften übrigens auch Maultiere zum Einsatz. Xenophon (*Peri hippikes* 5,8) geht davon aus, dass sich eine Pferdestute nicht mit einem Eselhengst paaren würde, wenn sie auf ihre Mähne stolz sein konnte; daher würde der Stute bei der Maultierzucht die Mähne abgeschnitten.

W – Waffen und Rüstung

> Dem Xenophon war an schönen Dingen gelegen; so wollte er auch schöne Waffen haben. Wenn er über die Feinde siege, sagte er, gebühre ihm die schönste Rüstung, und wenn er in der Schlacht sterbe, gehöre es sich, auch im Tod in einer schönen vollen Rüstung dazuliegen. Für einen tapferen Mann sei dies ja ein Grabschmuck, der ihn wirklich ziere. Man erzählt, dieser (Xenophon,) Sohn des Gryllos, habe einen Schild aus der Argolis besessen, einen attischen Brustpanzer, einen boiotischen Helm und ein Pferd aus Epidauros. Derartige Dinge, möchte ich sagen, weisen auf einen Mann, der schöne Dinge liebte und sich der schönen Dinge auch für würdig hielt.
>
> (Ailianos, *Vermischte Forschung* 3,24)

Auch zu den Waffen von Ross und Reiter äußert sich Xenophon, dessen Vorlieben spätere Autoren wie im 3. Jahrhundert n. Chr. Ailianos noch kannten. Zu den Waffen des Reiters gehört kein Schild, vielmehr ist er direkt am Körper mit einem eng anliegenden Brustharnisch (*thorax*) so gut gepanzert wie möglich.

Den Kopf schützt, wie Xenophon (*Hipparchikos* 12,3) empfiehlt, ein aus Metall gefertigter boiotischer Helm; dieser ähnelt einem Hut mit breiter Krempe und wird wegen der Rundumsicht bevorzugt, die andere Helmformen nicht bieten. Zur Panzerung des Nackens benennt Xenophon (*ebenda* 12,2) eine Halsberge, die auch das Gesicht schützt. Der linke Arm schließlich wird von einer schuppenartigen Zügelfaust mit Unterarm geschützt, die von der Schulter bis zur Hand alle Körperteile bedeckt (*ebenda* 12,5), ebenso der Unterleib. Auch für das Pferd empfiehlt Xenophon eine Panzerung.

Xenophon beschreibt einige Reitübungen (*hippasiai*, »Reitschulen«), die Ross und Reiter auf einen militärischen Einsatz vorbereiten sollen. Zu diesen gehört die *pede* genannte Übung, bei der das Pferd auf dem Zirkel im Kreis (»rund«) oder im Oval (»länglich«) geführt wurde.

F – Finanzierung

> Uah, uah!
> König Zeus, was für eine Länge so eine Nacht hat!
> Endlos ist sie! Will es niemals Tag werden?
> Und doch habe ich ja schon längst den Hahn gehört.
> Aber die Sklaven schnarchen. Früher hätten sie das nicht getan.
> Du sollst verdammt sein, Krieg, aus vielen Gründen,
> denn jetzt darf ich ja nicht einmal meine Sklaven bestrafen.
> Auch dieser wackere junge Herr da
> wacht nicht vor Tagesanbruch auf, sondern furzt herum,
> in fünf Wolljacken eingewickelt.
> Gut, wenn's recht ist, will ich mich einhüllen und schnarchen. –
> Nein, ich Ärmster kann nicht schlafen, gebissen
> von den Ausgaben und dem Futtertrog und den Schulden
> wegen meines Sohnes da. Der trägt sein Haar lang,
> reitet und fährt auf zweispännigem Wagen,
> und er träumt von Pferden. Ich aber komme um,
> wenn ich sehe, dass der Mond den 20. des Monats bringt,
> denn die Zinsen steigen an.
>
> (Aristophanes, *Wolken* 1–18, übersetzt von N. Holzberg)

Mit diesem Monolog des über seine Schuldenlast klagenden Strepsiades beginnt die Komödie *Wolken* des Aristophanes, die 423 v. Chr. aufgeführt wurde. Der Text macht anschaulich, wie man in Athen junge Pferdenarren wahrnahm: als Leute, die ihr ganzes Vermögen in Pferde investierten, auch wenn sie oder ihre Familien dafür Schulden machen mussten. In der Tat verband man mit dem Halten von Pferden seit jeher einen hohen Wohlstand der Familie. Schon der weise Solon hatte im frühen 6. Jahrhundert v. Chr. bei der Einteilung der Athener in Vermögensklassen die »Reiter« als zweithöchste Klasse nach den Großgrundbesitzern bestimmt (siehe Aristoteles, *Staat der Athener* 7,3–4), und der Philosoph Aristoteles (384–322 v. Chr.), ein Schüler des o. g. Platon, stellte später in seiner *Politik* fest:

> Zuerst sehen wir, dass alle *Poleis* aus Haushalten bestehen, dann wieder, dass von dieser Menge die einen notwendigerweise wohlhabend sind, die anderen arm, wieder andere mittel, und von den wohlhabenden und den armen sind die erstgenannten Hopliten (*hoplitikon*), die anderen unbewaffnet (*anhoplon*). Auch sehen wir, dass das eine Volk (*demos*) Ackerbau treibt, das andere Handel, wieder anderes Handwerk. Auch bei den Vornehmen (*gnorimoi*) gibt es Unterschiede sowohl nach dem Reichtum als auch nach dem Vermögen, etwa in der Ernährung von Pferden (*hippotrophia*); diese ist nämlich nicht einfach zu leisten, wenn man nicht reich ist. Daher gab es in den alten Zeiten in allen *Poleis*, bei denen die Streitmacht bei den Reitern lag, Oligarchien bei ihnen. (Aristoteles, *Politik* 4,3 p. 1289b)

Entsprechend beliebt waren bei den vornehmen Athenern Eigennamen mit einem Bezug auf das Pferd (*hippos*) wie Hippias, Hipparchos, Hippokleides, Pheidippos oder Hippokrates. Reiten galt eben als Indiz für Wohlstand. Dies setzte einmal einen Invaliden, der sich um eine staatliche Rente bemühte, aber gesehen worden war, wie er auf einem Pferd ritt, der Kritik aus. Wie wir einer Rede des Lysias (um 445 – um 380 v. Chr.), einem älteren Zeitgenossen des Xenophon, entnehmen können, sprach der Angeklagte die Richter, die dem Rat angehörten, dazu wie folgt an:

> Was meine Reitkunst (*hippike*) betrifft, die mein Ankläger vor euch zu erwähnen gewagt hat, der weder Glück noch Schande vor euch empfindet, gibt es nicht viel zu sagen. Ich nämlich, ihr Ratsherren, bin der Meinung, dass alle, die unter irgendeinem Unglück leiden, ihr ganzes Streben und Trachten darauf richten, mit möglichst geringen Unannehmlichkeiten den Zustand zu meistern, der ihnen zugestoßen ist. So einer bin ich, und in dem Unglück, das mich getroffen hat, habe ich mir diese Möglichkeit (zu reiten) für längere Reisen ausgedacht, die notwendig sind. Aber der stärkste Beweis, ihr Ratsherren, dass ich Pferde wegen meines Unglücks bestieg, nicht aus Unverschämtheit, wie dieser behauptet, ist folgender: Wenn ich Vermögen besäße, würde ich auf einem Maultier reiten und nicht auf fremder Leute Pferde

steigen. Nun aber, da ich mir so ein Tier nicht leisten kann, bin ich immer wieder gezwungen, fremde Pferde zu benutzen.

(Lysias, *Reden* 24,10–11)

Wenn Xenophon also über Ross und Reiter schrieb, wird er an wohlhabende Athener unter seiner Leserschaft gedacht haben.

Athen

G – Götter und Menschen

Auch wenn Xenophons Werke vielleicht auf dem Landgut in Skillus entstanden sind (s. o. X), führen sie uns doch mitten in das antike Athen. Oberster Gott war hier wie sonst im griechischen Kulturkreis der Göttervater Zeus. Als Stadtgöttin wurde seine jungfräuliche Tochter Athene im Heiligtum der *Parthenos* (Jungfrau), dem berühmten *Parthenon*-Tempel auf der Akropolis, verehrt und in Prozessionen und Paraden, namentlich beim Fest der Panathenäen, gefeiert; die Reiterparade bei den Panathenäen konnte man in Athen auch in den Reliefs am Parthenon-Tempel bewundern. Besondere Verehrung brachte man aber auch den zwölf Olympischen Göttern (»Zwölfgöttern«) entgegen, nämlich außer Zeus und Athene auch Hera, Poseidon, Demeter, Apollon, Artemis, Ares, Aphrodite, Hermes, Hephaistos und Hestia. Nicht zu diesen Zwölfgöttern zählte der Weingott Dionysos, dem in Athen das Fest der Großen Dionysien gewidmet war, bei denen im Dionysos-Theater (s. u. S) Tragödien und Komödien aufgeführt wurden.

Die Bevölkerung der *Polis* (Stadt und Staat) Athens bestand in der Antike aus freien Bürgern und ihren Familien, aus ansässigen Fremden (sogenannten Metöken) mit eingeschränkten Rechten sowie aus Unfreien. Die Bürgerschaft von Athen war in zehn *Phylai* eingeteilt, die einst wohl Sippenverbände darstellten, aber bereits 508/7 v. Chr. bei der grundlegenden Reorganisation der *Polis* Athen durch Kleisthenes (um 570 – nach 507 v. Chr.) zu Verwaltungseinheiten umgewandelt worden waren. Zudem gehörte jeder Bürger zu einem *Demos*, einer Nachbarschaft, die – wie wir schon eingangs am Beispiel von »Xenophon, Sohn des Gryllos, aus dem *Demos* Erchia« gesehen haben (s. o. X) – bei der vollständigen Namensnennung zum Eigen- und zum Vatersnamen hinzukam.

Zur Finanzierung von Gemeinschaftsaufgaben waren vor allem die Bürger verpflichtet; befreit waren allein die Waisen (denen Xenophon, *Hipparchikos* 9,5 dieses Privileg zu nehmen vorschlägt). Es konnten sich auch Metöken etwa an Umlagen zur Bezahlung von besonderen Ausgaben beteiligen und so ihre Loyalität zu ihrer Wahlheimat Athen zeigen. Einige gemeinschaftliche Aufgaben, so die Aufstellung und Ausbildung von Chören (Tanz- und Singgruppen) für die Aufführung von Tragödien, wurden durch die prestigereiche Übernahme der Kosten seitens einzelner Bürger in einer sogenannten Liturgie (*leitourgia*) finanziert. Auch für Athleten – etwa Faustkämpfer (Boxer), die bei athletischen Wettkämpfen auftraten – wurde einiges Geld aufgebracht.

Auch wenn Xenophons hier präsentierte Werke sich auf Ross und Reiter beziehen, erlauben sie immer dann gleichsam nebenbei einen Blick in den Alltag im Athen jener Zeit, wenn der Autor seiner Leserschaft mit Vergleichen entgegenkommen will. So spricht er von Kindern, die sich die Zeit mit einem Spiel namens *posinda* (»Wie viele«) vertreiben, erklärt das Spiel aber nicht. Denkbar ist, dass es darum ging, zu erraten, wie viele Gegenstände in der Hand des Spielpartners verborgen waren. Wir hören von Lehrverträgen, die für einen bei einem Meister in die Lehre gegebenen Jugendlichen festlegen, an welche Lernfortschritte die Zahlung des Lehrgelds gebunden ist, hören aber auch von wohlhabenden jungen Leuten, die sich ohne rechtes Verständnis verrückt teure Pferde kaufen und sich nicht genug um Haus und Hof, Finanzen und Politik kümmern. Wir hören nicht zuletzt ganz konkret das hohle Klappern eines *Kymbalon*, einer kleinen Metallschale, die in Kult und Musik Verwendung fand. Xenophon erwähnt auch das Gedränge, das sich am Ende der Vorführungen im (Dionysos-)Theater (s. u. S) an den Ausgängen ergibt und dem Publikum offenbar vertraut war.

Aus dem Alltag kennt Xenophons Lesepublikum Gewichtsangaben wie *Mine* (etwa 430 g) und *Talent* (etwa 25,8 kg), die als Silbermenge auch zur Bezeichnung von Wertbeträgen dienten. Ein Tagelöhner wird etwa eine *Drachme* verdient haben; eine Mine entsprach 100 Drachmen, ein Talent 60 Minen, also 6000 Drachmen. Wenn Athen laut Xenophon (*Hipparchikos* 1,19) aus öffentlichen Mitteln jährlich fast 40 Talente für seine Reiterei aufbrachte, entsprach das mithin fast 240 000 Tageslöhnen!

S – Stadt

Die Stadt Athen in der Ebene von Attika war zu Xenophons Zeit von einem Mauerring umgeben. Das Haupttor, das sogenannte *Dipylon*, lag im Nordwesten, von hier führte eine Straße in südöstlicher Richtung über den Hauptplatz, die *Agora*, zur Akropolis. An deren Westabhang kam die Straße am *Eleusinion* vorbei, einem der Göttin Demeter geweihten Heiligtum, deren Haupttempel in Eleusis westlich von Athen lag. Da bei den Panathenäen, dem Stadtfest für die Stadtgöttin Athene (s. o. G), die Prozession zu Ehren der Gottheit auf dieser Straße verlief, nannte man sie auch Panathenäen-Straße. Südlich der Akropolis erwähnt Xenophon das große Dionysos-Theater, außerhalb der Mauern im Nordwesten jenseits des Dipylon-Tores den Hain der *Akademia*, in dem auch die von Platon begründete gleichnamige Philosophenschule lag (s. o. X). Im Osten nennt Xenophon den Hain des *Lykeion* (in dem später der Peripatos, die vom o. g. Platon-Schüler Aristoteles begründete Philosophenschule lag). Xenophon erwähnt ferner das *Hippodrom*, eine Pferderennbahn, und den Hafen *Phaleron*. *Akademia* und *Lykeion*, *Hippodrom* und *Phaleron* boten Reitern ausreichend viel Platz für das Trainieren.

Im Zentrum der Stadt Athen sieht Xenophon die *Agora*, den Markt- und Versammlungsplatz nördlich der Akropolis. Hier tagt der Rat (*buole*), der auch im demokratisch verfassten Athen des 4. Jahrhunderts v. Chr. die tägliche Politik gestaltete und dem auch die Musterung der Streitkraft Athens – darunter der Reiterei – oblag (s. u. R). Auf die *Agora* traf die Panathenäenstraße in der Nordwestecke zwischen der *Stoa Basileios* (»königlichen Säulenhalle«), dem Sitz eines hohen Amtsträgers in der Stadt, und der *Stoa Poikile* (»bunten Säulenhalle«), die mit Gemälden geschmückt war. Zu den Kunstwerken, die hier zu sehen waren, gehörte eine Darstellung einer Schlacht, an der die Amazonen beteiligt waren, wie Aristophanes in seiner 411 v. Chr. aufgeführten Komödie *Lysistrate* sagt; dort jammert der Anführer der Männer darüber, was geschehen würde, wenn die Frauen sich die Reitkunst (*hippike*) erschlössen:

> Falls sie sich der Reitkunst widmen, schreib ich ab das Reiterheer,
> denn im Reiten und Besteigen kennt sich bestens aus das Weib,
> fällt auch beim Galopp nicht runter. Sieh die Amazonen an,
> wie im Reiterkampf mit Männern Mikon einst sie hat gemalt!
> (Aristophanes, *Lysistrate* 676–679, übersetzt von N. Holzberg)

Nicht nur Bilder zeigen, dass man hier, am Nordwestzugang zur Akropolis, die Reiterei besonders hervorhob. Hier gab es auch eine solche Anzahl von als Hermen gestalteten Denkmälern, dass man von dem Platz »bei den *Hermai*« sprach. Unter *Herme* verstand man einen Marmorpfeiler mit einem aufgesetzten Kopf, meist dem des Gottes Hermes, sowie oft einem Phallus:

Bei der *Stoa Poikile* und der *Stoa Basileios* sind die sogenannten *Hermai*; da es hier viele gibt, sowohl von Privatleuten als auch von Amtsträgern, haben sie diese Bezeichnung erhalten.

(Harpokration, Lexikon s.v. *Hermai* E 136)

Hier, am Rand der *Agora*, wurden die jungen Männer in der Reitkunst ausgebildet. Ein Komödiendichter namens Mnesimachos, dessen Werke in die 360er bis in die 340er Jahre v. Chr. gehören, stellte in seiner Komödie *Hippotrophos* (»Pferdenährer«) einen Gastgeber oder Koch vor, der seinem Sklaven Manes Folgendes aufträgt:

Geh los aus dem mit Zypressenholz gedeckten Zimmer
nach draußen, Manes; lauf zur *Agora*
zu den *Hermai*,
wo die *Phylarchoi* den Tag verbringen,
und zu den Schülern, den jungen Männern,
die auf die Pferde aufzusteigen (*anabainein*)
Pheidon trainiert, auch abzusteigen (*katabainein*).
Weißt du, welche ich meine?

(Mnesimachos, *Poetae Comici Graeci* VII *Frg.* 4
bei Athenaios, *Gelehrtenmahl* 9 p. 402f)

In den 1970er Jahren kamen in diesem Teil der *Agora* von Athen bei der Ausgrabung eines Brunnens zahlreiche Zeugnisse für die Reiterei von Athen wieder ans Licht, darunter Marken aus Keramik, auf denen der Name dieses Pheidon stand, sowie metallene Marken mit Symbolbildern für Ausrüstungsgegenstände, die wohl im nahe gelegenen Zeughaus der *Polis* eingelöst werden konnten. Außerdem fand man Streifen aus Bleiblech, auf denen der Besitzername sowie die Farbe, das mit einem Brenneisen eingebrannte Kennzeichen und der Wert eines Pferdes genannt sind. Wahrscheinlich begründeten diese Belege für den Fall, dass ein Pferd im Dienst der *Polis* ums Leben kam, einen Ersatzanspruch. Sie waren offenbar nur für ein Jahr gültig und wurden dann entsorgt, in diesem Fall eben in einen Brunnen geworfen; so sind sie erhalten geblieben. Hier, »bei den *Hermai*«, wird auch das *Hipparcheion* gelegen haben, der Amtssitz der *Hipparchoi* (s. u. R); es ist noch nicht identifiziert. Erhalten sind jedoch Zeugnisse für den Wettbewerb der Reiterei der einzelnen *Phylai* (s. o. G), nämlich Ehrungen für erfolgreiche *Phylarchoi* (Befehlshaber des Reiterkontingents einer *Phyle*; s. u. R). So fand man bereits 1892 beim Bau der Eisenbahn zum athenischen Hafen Piräus hier die Basis für einen Dreifuß mit einer Reiterdarstellung, deren Stil das Werk in die Mitte des 4. Jahrhunderts datiert, der folgende Inschrift trägt:

> Als *Phylarchoi* haben gesiegt beim Gegeneinanderreiten (*anthippasia*):
> Demainetos, Sohn des Demeas, aus dem *Demos* Paiania,
> Demeas, Sohn des Demainetos, aus dem *Demos* Paiania,
> Demosthenes, Sohn des Demainetos, aus dem *Demos* Paiania.
> Bryaxis hat (dies) gefertigt.
>
> (*Inscriptiones Graecae* II^2 3130 = II/III^3 4, 250)

Die Namen der Sieger sind in der Vollform mit Eigennamen, Vatersnamen und *Demos*-Zugehörigkeit angegeben (s. o. G); der Künstler Bryaxis war übrigens auch an der Gestaltung des Mausoleums von Halikarnassos beteiligt, einem der Sieben Weltwunder der Antike. Über das Gegeneinanderreiten (*anthippasia*) informiert ausführlich Xenophon (*Hipparchikos* 2,11–13). In der Nähe der Panathenäenstraße fand man ferner ein Denkmal für Reiter, die mit Helm und Schwert bewaffnet sind und auf einem sich erhebenden Pferd reiten. Auf ihm belegt eine Inschrift den Namen eines Reiters, der wohl ein *Phylarchos* oder gar ein *Hipparchos* war und dem seine *Phyle*-Genossen das Denkmal errichteten:

> Von der *Phyle* Antiochos.
> Hierophanes, Sohn des Polyaratos, aus dem *Demos* Alopeke.
> Die *Phyle*-Genossen. (*Inscriptiones Graecae* II/III^3 4, 251)

Erst 1970 entdeckte man an der Nordost-Ecke der *Stoa Basileios* ein etwas älteres, aus der Zeit um 400 v. Chr. stammendes Denkmal, mit dem die *Phyle* Leontis ihren Sieg feiert:

> Leontis hat gesiegt.
>
> (*Inscriptiones Graecae* II/III^3 4, 243)

Dargestellt ist ein Löwe (*leon*), das Symbol für die *Phyle* Leontis, und eine Reitergruppe mit jungen Reitern; allein der Schlussmann ist mit seinem Bart als älterer, erfahrener Reiter dargestellt – ganz wie Xenophon (*Hipparchikos* 2,2) das schildert.

R – Reiterei

Die Bürger, die den prestigereichen Dienst als Reiter leisten konnten, waren für ihr Reitpferd selbst verantwortlich. Die Details der Musterung (*dokimasia*) durch den Rat (s. o. S) können wir der Schrift über den *Staat der Athener* entnehmen, die unter dem Namen des Aristoteles (s. o. F) überliefert ist:

> Der Rat (*boule*) mustert auch die Reiter, und wenn jemand, der ein schönes Pferd hat, es schlecht füttert, legt er ihm das Futter als Strafe auf. Den Pferden, die nicht gehorchen können oder nicht bleiben wollen, sondern ausbrechen, brennt man ein Rad(symbol) auf die Lade (*gnathos;* s. o. K); ein Pferd, dem dies geschieht, wird ausgemustert. Der Rat mustert auch die *Prodromoi* (s. u. T), die geeignet dafür scheinen, als *Prodromoi* zu fungieren, und wenn er jemanden abwählt, hat jener diesen Rang verloren. Er mustert auch die *Hamippoi* (s. u. T), und wenn er jemanden abwählt, hört dieser auf, besoldet zu werden. Die Reiter werden von den Listenführern (*katalogeis*) ausgewählt; zu diesen wählt das Volk zehn Männer. Die Namen von denjenigen, die jene auswählen, übergeben sie den *Hipparchoi* und *Phylarchoi*. Diese übernehmen die Liste und bringen sie in den Rat. Die Ratsherren öffnen die Tafeln, auf denen die Namen der Reiter

eingetragen sind; die Namen derer, die vorher beschworen hatten, dass sie wegen körperlicher oder Vermögens-Mängeln nicht als Reiter dienen können, streichen sie, die anderen rufen sie auf, und wenn einer jetzt beeidet, er könne wegen körperlicher oder Vermögens-Mängeln nicht als Reiter dienen, entlassen sie ihn. Für jeden, der sich nicht eidlich herausnimmt, entscheiden die Ratsmitglieder durch Handzeichen, ob er geeignet ist, Reiter zu sein, oder nicht. Und wenn sie (dafür) abgestimmt haben, schreiben sie ihn auf die Tafel, wenn nicht, entlassen sie auch diesen.

(Aristoteles, *Staat der Athener* 49,1–2)

Wie diese Musterung in Athen im Detail stattfindet oder zumindest stattfinden sollte, schildert Xenophon im *Hipparchikos* (2,9–10). Im Lauf der Zeit erhielten die Reiter einen Sold (*misthos*) als Aufwandsentschädigung, so dass die *Polis* für ihre Reiterei beachtliche Summen aufzubringen hatte: Die von Xenophon dafür genannten 40 Talente (zu je 6000 Drachmen; s. o. G) pro Jahr entsprechen bei 1000 Reitern etwa zwei Dritteln einer Drachme pro Tag und Pferd. Tatsächlich standen der *Polis* wohl weniger Reiter zur Verfügung, und da sich manche durch Bezahlung vom Reiterdienst freikauften, lag es nahe, auch nicht-athenische Söldner als Reiter einzustellen, wie es jedenfalls Xenophon empfiehlt.

Während die Hauptstreitmacht jeder *Polis* und auch Athens bei den sog. Hopliten, also den schwerbewaffneten Fußsoldaten (s. o. X) lag, sollten in Athen für die Reiterei die Wohlhabenden in jeder der zehn *Phylai* (s. o. G) ein Kontingent von 100 Reitern stellen, das auch selbst als *Phyle* bzeichnet wurde. Damit sollte Athen über eine Sollstärke von 1000 Reitern verfügen können – eine Zahl, die schon der bereits genannte Geschichtsschreiber Thukydides dem großen Perikles (um 490 – 429 v. Chr.) zuschreibt, wenn er 1200 Reiter nennt, in deren Zahl er offenbar 200 als Bogenschützen bewaffnete Reiter einbezieht (Thukydides 2,13,8). Die im eben zitierten Text genannten Amtsträger erläutert die Schrift über den *Staat der Athener* dann noch genauer. Zunächst gibt sie an, dass die Athener zehn *Strategoi* als Befehlshaber der ganzen Streitmacht und zehn *Taxiarchoi* wählen, denen der Befehl über die Hopliten obliegt (61,1–3). Anschließend heißt es:

> Sie wählen durch Handzeichen auch zwei *Hipparchoi* aus allen Bürgern; diese führen die Reiter, wobei jeder 5 *Phylai* befehligt. Sie sind Herren über jene wie die *Strategoi* über die Hopliten. Es gibt auch eine Bestätigung der Wahl durch Handzeichen. Sie wählen durch Handzeichen auch zehn *Phylarchoi*, einen pro *Phyle*, der die Reiter anführt so wie die *Taxiarchoi* die Hopliten.
>
> (Aristoteles, *Staat der Athener* 61,4–5)

Den Oberbefehl über die Reiterei Athens hatten also zwei *Hipparchoi* inne, die je 500 Reiter befehligten, den Befehl über die Kontingente der *Phylai* mit je 100 Reitern je ein *Phylarchos*.

T – Taktik und Befehle

Beim taktischen Einsatz, der eine klare Struktur bei der Übermittlung oder Erteilung und Umsetzung von Befehlen erforderte, wurden die Hundertschaften unter den *Phylarchoi* noch feiner eingeteilt, nämlich in je zehn *Dekadai* (»Zehnergruppen«) unter einem *Dekadarchos* (»Zehnergruppen-Anführer«). Die besten Reiter wurden dabei im ersten Glied, also der Front, und im letzten Glied, also am Schluss, eingesetzt, damit die Formationen möglichst bei Angriff nach vorne und Flucht nach hinten geschlossen gehalten werden konnten. Um die Front zu verbreitern, konnte eine *Dekas* in zwei *Pempades* (»Fünfergruppen«) unter Führung je eines *Pempadarchos* (»Fünfergruppen-Anführer«) geteilt werden und die hintere dieser Gruppen an der Front in den Raum neben der vorderen rücken. Sonderaufgaben übernahmen die *Prodromoi* (»Vorläufer«), die als Kundschafter voran ritten. Als *Hamippoi* bezeichnete man Fußsoldaten, die zusammen mit einem Reiter kämpften, als *Phalanx* die in Reih und Glied aufgestellten Einheiten sowohl der Hopliten (s. o. X) als auch der Reiter.

Befehle der *Hipparchoi* wurden in der Regel mündlich an die *Phylarchoi* übermittelt, die sie ihrerseits an die *Dekadarchoi* und diese an die zehn ihnen unterstellten Reiter weitergaben. Gelegentlich wurden Befehle auch durch Trompetensignale oder Heroldsruf an alle Reiter zugleich ausgegeben oder aber im Lager schriftlich angeschlagen.

Ü – Überlieferung der Schriften

Xenophons hier präsentierte Schriften sind – wie fast alle antiken Werke – nicht in Abschriften aus der Antike selbst erhalten, sondern nur durch wiederholte Kopien, von denen viele ebenfalls verloren, manche aber erhalten sind. Die beste Grundlage für die Rekonstruktion der antiken Textgestalt bietet für einige Werke Xenophons der *Codex Vindobonensis phil. gr.* 37 aus dem 16. Jahrhundert, der zwar einige vom Abschreiber verursachte Lücken aufweist (darunter den Schluss von *Peri hippikes*, dessen Authentizität daher gelegentlich bezweifelt worden ist, freilich ohne gute Gründe), sonst aber eine offenbar sehr gute ältere Abschrift wiedergibt; er bewahrt allerdings den *Hipparchikos* nicht.

Der *Codex Vaticanus gr.* 989 aus dem 13./14. Jahrhundert, der beide hier präsentierten Werke bewahrt, ist demgegenüber zwar vollständiger, aber in der Qualität der gebotenen Textgestalt zweitrangig. Daneben gibt es eine Vielzahl weiterer Abschriften, deren Wert für die Rekonstruktion des Textes gering ist. Der Text der vorliegenden Leseausgabe folgt anhand der im Anhang genannten kritischen Editionen den aus diesen Codices rekonstruierten Texten.

J – Die Welt des 4. Jahrhunderts v. Chr.

Xenophons Werke gehören in eine Zeit, in der die griechischen *Poleis* immer deutlicher bedroht waren. Wie sein Zeitgenosse Aineias (Aeneas Tacticus), der in seinem (uns erhaltenen), ebenfalls in griechischer Sprache geschriebenen Werk *Poliorketika* (Städteverteidigung) darlegt, wie sich eine ungenannte kleine *Polis* gegen Angriffe anderer, ebenfalls ungenannter *Poleis* verteidigen kann, bietet auch Xenophon Ratschläge in unruhiger Zeit, nennt aber Namen: Zwar erscheinen die Perser – die Angstgegner der Griechen im 5. Jahrhundert v. Chr. – und die Odrysen, deren Herrscher Seuthes er einmal gedient hatte (s. o. X) sowie die Piraten nurmehr in historischen Verweisen, doch ist die Erinnerung an die Angriffe der Lakedaimonier (Spartaner) auf Athen im Peloponnesischen Krieg (s. o. X) lebendiger. Die Gefahr durch die benachbarten Boioter unter Führung der Thebaner wird sogar ganz konkret benannt.

Theben hatte sich 371 v. Chr. durch den Sieg über Sparta in der Schlacht bei Leuktra als griechische Führungsmacht etabliert (s. o. X), konnte aber in einer Schlacht gegen Athen und seine Verbündeten, darunter nunmehr auch Sparta, bei Mantineia 362 v. Chr. seine führende Stellung nicht mehr durchsetzen. Von dieser Schlacht weiß Xenophon in den hier präsentierten Werken offenbar noch nicht. Dass eine Generation später der rasante Aufstieg des makedonischen Reiches unter König Philippos II. mit dem Sieg über die griechischen *Poleis* bei Chaironeia 338 v. Chr. dann dessen Sohn Alexandros III. »der Große« mit riesigen Heeren und einer neuartigen Waffentechnik die Welt der griechischen *Poleis* für immer verändern würden, konnte Xenophon ebenso wenig wissen wie Aineias. Ihre Schriften setzen noch ganz auf traditionell bewaffnete Reiterei und Fußsoldaten in eher kleinen Kontingenten, die wie in den Jahrhunderten zuvor im Kampf von *Polis* gegen *Polis* eingesetzt werden konnten.

Mit seinen Werken über Ross und Reiter ist Xenophon wie sein Zeitgenosse Aineias also noch der »alten« Welt der *Polis* verbunden. Ja, man kann die beiden Werke Xenophons, *Peri hippikes* und *Hipparchikos*, auch als Loblied auf die seit jeher von den wohlhabenden (und meist oligarchisch gesinnten) Athenern getragene Reiterei verstehen, deren Bedeutung im Schwinden begriffen war, doch von dem erfahrenen Reitersmann Xenophon noch einmal gefeiert werden sollte.

Für die Aufnahme des Bandes in die Reihe danke ich Niklas Holzberg und Bernhard Zimmermann, für reiterische Hinweise Traudel und Peter Scharff, für guten Rat bei der Erstellung der Druckvorlage Katharina Legutke und Florian Ruppenstein und für das Mitlesen der Korrekturen Cordula Bachmann, Lucas Rischkau, Otto Ritter und meiner lieben Frau Christiane.

Universität Erfurt, im Januar 2018 Kai Brodersen

TEXTE UND ÜBERSETZUNGEN

ΙΠΠΑΡΧΙΚΟΣ

1 (1) πρῶτον μὲν θύοντα χρὴ αἰτεῖσθαι θεοὺς ταῦτα διδόναι καὶ νοεῖν καὶ λέγειν καὶ πράττειν, ἀφ' ὧν θεοῖς μὲν κεχαρισμενώτατα ἄρξαις ἄν, σαυτῷ δὲ καὶ φίλοις καὶ τῇ πόλει προσφιλέστατα καὶ εὐκλεέστατα καὶ πολυωφελέστατα.

(2) θεῶν δὲ ἵλεων ὄντων ἀναβιβαστέον μέν σοι ἱππέας, καὶ ὅπως ἀναπληρῶται ὁ κατὰ τὸν νόμον ἀριθμὸς καὶ ὅπως τὸ ὂν ἱππικὸν μὴ μειῶται. εἰ δὲ μὴ προσαναβήσονται ἱππεῖς, μείονες ἀεὶ ἔσονται. ἀνάγκη γὰρ τοὺς μὲν γήρᾳ ἀπαγορεύειν, τοὺς δὲ καὶ ἄλλως ἐκλείπειν.

(3) πληρουμένου γε μὴν τοῦ ἱππικοῦ ἐπιμελητέον μὲν ὅπως τρέφωνται οἱ ἵπποι ὡς ἂν δύνωνται πόνους ὑποφέρειν· οἱ γὰρ ἥττους τῶν πόνων οὔτε αἱρεῖν οὔτε ἀποφεύγειν δύναιντ' ἄν. ἐπιμελητέον δὲ ὅπως εὔχρηστοι ὦσιν· οἱ γὰρ αὖ ἀπειθεῖς τοῖς πολεμίοις μᾶλλον ἢ τοῖς φίλοις συμμαχοῦσι. (4) καὶ οἱ λακτίζοντες δὲ ἀναβεβαμένοι ἵπποι ἐκποδὼν ποιητέοι· οἱ γὰρ τοιοῦτοι πολλάκις πλείω κακὰ ἢ οἱ πολέμιοι ποιοῦσι. δεῖ δὲ καὶ τῶν ποδῶν ἐπιμελεῖσθαι, ὅπως δύνωνται καὶ ἐν τραχείᾳ χώρᾳ ἱππεύειν, εἰδότα ὅτι ὅπου ἂν ἀλγῶσιν ἐλαυνόμενοι, ἐνταῦθα οὐ χρήσιμοί εἰσι.

BUCH VOM REITERBEFEHLSHABER

Mit den Göttern!

1 (1) Zuerst muss man opfern und die Götter um Gnade bitten, so zu denken, zu reden und zu handeln, wie man sein Amt für die Götter am wohlgefälligsten sowie für sich selbst, seine Freunde und die *Polis* am erwünschtesten, rühmlichsten und vielseitig nützlichsten versehen kann.

Ross und Reiter

(2) Sind die Götter gnädig, muss man sich um die Reiter kümmern, sowohl, dass die gesetzliche Zahl erfüllt wird, als auch, dass sich die Reiterei nicht verringert. Sofern nicht zusätzliche Reiter dazukommen, werden es stets weniger sein, denn es ist unvermeidlich, dass einige altersbedingt ausscheiden, andere auch aus anderen Gründen fehlen (s. u. 1,9–12).

(3) Wenn die Reiterei vollzählig ist, muss man dafür sorgen, dass die Pferde so genährt werden, dass sie Anstrengungen ertragen können. Pferde, die den Anstrengungen nicht gewachsen sind, werden nämlich weder die Feinde einholen noch flüchten können. Auch muss man dafür sorgen, dass sie brauchbar sind, denn unfolgsame nützen im Kampf den Feinden mehr als den Freunden. (4) Auch sind diejenigen Pferde auszumerzen, die ausschlagen, wenn man auf sie steigt, denn solche Pferde verursachen oft mehr Unheil als die Feinde. Zudem muss man auf die Füße achten, damit sie auch über rauen Boden reiten können, denn man weiß ja, dass sie dort, wo sie beim Angetriebenwerden Schmerz empfinden, nicht von Nutzen sind (s. u. 1,13–16).

(5) τῶν γε μὴν ἵππων ὑπαρχόντων οἵων δεῖ τοὺς ἱππέας αὖ ἀσκητέον, πρῶτον μὲν ὅπως ἐπὶ τοὺς ἵππους ἀναπηδᾶν δύνωνται· πολλοῖς γὰρ ἤδη ἡ σωτηρία παρὰ τοῦτο ἐγένετο· δεύτερον δὲ ὅπως ἐν παντοίοις χωρίοις ἱππάζεσθαι δυνήσονται· καὶ γὰρ οἱ πόλεμοι ἄλλοτε ἐν ἀλλοίοις τόποις γίγνονται. (6) ὅταν δὲ ἤδη ἔποχοι ὦσι, δεῖ αὖ σκοπεῖσθαι ὅπως ἀκοντιοῦσί τε ὡς πλεῖστοι ἀπὸ τῶν ἵππων καὶ τἆλλα δυνήσονται ποιεῖν ἃ δεῖ τοὺς ἱππικούς.

μετὰ ταῦτα ὁπλιστέον καὶ ἵππους καὶ ἱππέας ὡς αὐτοὶ μὲν ἥκιστα τιτρώσκοιντ᾽ ἄν, βλάπτειν δὲ τοὺς πολεμίους μάλιστα δύναιντ᾽ ἄν. (7) ἐκ τούτων παρασκευαστέον ὅπως εὐπειθεῖς οἱ ἄνδρες ὦσιν· ἄνευ γὰρ τούτου οὔθ᾽ ἵππων ἀγαθῶν οὔθ᾽ ἱππέων ἐπόχων οὔθ᾽ ὅπλων καλῶν ὄφελος οὐδέν.

προστατεύειν μὲν οὖν τούτων πάντων ὅπως καλῶς γίγνηται τὸν ἵππαρχον εἰκός ἐστιν. (8) ἐπεὶ δὲ καὶ ἡ πόλις χαλεπὸν ἡγησαμένη πάντα ταῦτα τὸν ἵππαρχον μόνον ὄντα ἀπεργάζεσθαι προσαιρεῖται μὲν αὐτῷ συνεργοὺς φυλάρχους, προσέταξε δὲ τῇ βουλῇ συνεπιμελεῖσθαι τοῦ ἱππικοῦ, ἀγαθόν μοι δοκεῖ εἶναι τοὺς μὲν φυλάρχους παρασκευάζειν συνεπιθυμεῖν σοι τῶν καλῶν τῷ ἱππικῷ, ἐν δὲ τῇ βουλῇ ἔχειν ῥήτορας ἐπιτηδείους, ὅπως λέγοντες φοβῶσί τε τοὺς ἱππέας – βελτίονες γὰρ ἂν εἶεν φοβούμενοι – καταπραΰνωσί τε τὴν βουλήν, ἤν τι παρὰ καιρὸν χαλεπαίνῃ.

(9) ταῦτα μὲν οὖν ὑπομνήματα ὧν δεῖ σε ἐπιμελεῖσθαι· ὡς δ᾽ ἂν ἕκαστα τούτων βέλτιστα περαίνοιτο, τοῦτο δὴ πειράσομαι λέγειν.

(5) Sind nun die Pferde so, wie sie sein sollen, vorhanden, muss man auch die Reiter üben, erstens, dass sie auf die Pferde aufspringen können, weil schon vielen ein Sprung auf den Pferderücken Rettung gebracht hat. Zweitens sollen sie auf jedem Boden reiten können, denn Feinde gibt es einmal in dieser, ein andermal in anderer Gegend. (6) Haben die Reiter dann einen festen Sitz, muss man auch darauf achten, dass möglichst viele vom Pferd aus den Wurfspeer schleudern und auch sonst alles können, was Reitersleute leisten müssen (s. u. 1,17–21).

Danach muss man Pferde und Reiter so panzern, dass sie möglichst wenig verwundet werden können, die Reiter aber so bewaffnen, dass sie dem Feind größten Schaden zufügen. (7) Dann muss man dafür sorgen, dass die Männer Disziplin und Gehorsam lernen, denn ohne das sind weder gute Pferde noch festsitzende Reiter noch schöne Waffen von Nutzen (s. u. 1,22–23).

Dass über all dies der *Hipparchos*[R] den Befehl führt, damit alles schön durchgeführt wird, ist nur billig. (8) Da die *Polis* aber der Meinung war, dass es zu schwer sei, wenn das alles der *Hipparchos* allein durchführe, wurden zu seiner Unterstützung *Phylarchoi*[R] als Gehilfen gewählt, die vom Rat[S] den Auftrag bekamen, für die Reiterei mit zu sorgen; so scheint mir gut, dass die *Phylarchoi* darauf hinwirken, dass sie mit dir das Beste für die Reiterei wollen, im Rat aber die Redner für dich zu gewinnen suchen, dass sie durch ihre Reden den Reitern Furcht und Respekt einflößen – wenn sie sich fürchten, werden sie nämlich besser sein – und auch den Rat besänftigen, wenn er über irgend etwas allzu sehr unzufrieden ist (s. u. 1,24–26).

(9) Dies ist nun das Memorandum[X], das man zu beachten hat. Wie aber jeder Punkt im einzelnen am besten durchgeführt werden kann, will ich nun zu sagen versuchen.

τοὺς μὲν τοίνυν ἱππέας δῆλον ὅτι καθιστάναι δεῖ κατὰ τὸν νόμον τοὺς δυνατωτάτους καὶ χρήμασι καὶ σώμασιν ἢ εἰσάγοντα εἰς δικαστήριον ἢ πείθοντα. (10) ἐγὼ δὲ οἶμαι εἰς μὲν τὸ δικαστήριον τούτους εἰσακτέον εἶναι οὓς μὴ εἰσάγων διὰ κέρδος ἄν τις δοκοίη τοῦτο ποιεῖν· καὶ γὰρ τοῖς ἧττον δυναμένοις εὐθὺς ἂν εἴη ἀποστροφή, εἰ μὴ τοὺς δυνατωτάτους πρώτους ἀναγκάζοις. (11) ἔστι δὲ καὶ οὓς ἄν μοι δοκεῖ τις νέους μὲν τὰ ἐν ἱππικῇ λαμπρὰ λέγων εἰς ἐπιθυμίαν καθιστάναι τοῦ ἱππεύειν, τοὺς δὲ κυρίους αὐτῶν ἧττον ἀντιτείνοντας ἔχειν, τάδε διδάσκων ὡς ἀναγκασθήσονται μὲν ἱπποτροφεῖν, ἢν μὴ ὑπὸ σοῦ, ὑπ᾽ ἄλλου γε διὰ τὰ χρήματα· (12) ἢν δ᾽ ἐπὶ σοῦ ἀναβῶσιν, ὡς ἀποτρέψεις μὲν τοὺς παῖδας αὐτῶν τῶν πολυτελῶν τε καὶ μανικῶν ἱππωνιῶν, ἐπιμελήσῃ δὲ ὡς ἂν ταχὺ ἱππικοὶ γίγνοιντο· λέγοντα δὲ οὕτω καὶ ποιεῖν ταῦτα πειρατέον.

(13) τούς γε μὴν ὄντας ἱππέας ἡ βουλὴ ἄν μοι δοκεῖ προειποῦσα ὡς τὸ λοιπὸν δεήσει διπλάσια ἱππάζεσθαι καὶ ὡς τὸν μὴ δυνάμενον ἵππον ἀκολουθεῖν ἀποδοκιμάσει ἐπιτεῖναι ἂν τρέφειν τε ἄμεινον καὶ ἐπιμελεῖσθαι μᾶλλον τῶν ἵππων. (14) καὶ τοὺς βιαίους δὲ ἵππους ἀγαθόν μοι δοκεῖ εἶναι προρρηθῆναι ὅτι ἀποδοκιμασθήσονται. αὕτη γὰρ ἡ ἀπειλὴ πωλεύειν ἂν τοὺς τοιούτους μᾶλλον παρορμήσειε καὶ ἱππωνεῖν σωφρονέστερον. (15) ἀγαθὸν δὲ καὶ τοὺς ἐν ταῖς ἱππασίαις λακτίζοντας ἵππους προρρηθῆναι ὅτι ἀποδοκιμασθήσονται· οὐδὲ γὰρ συντάττειν τοὺς τοιούτους δυνατόν, ἀλλ᾽ ἀνάγκη, ἄν ποι ἐπὶ πολεμίους δέῃ

Dass man als Reiter gemäß dem Gesetz die an Vermögen und Körpervorzügen Tüchtigsten heranziehen muss, indem man sie entweder gerichtlich dazu einzieht oder dazu überredet, ist offenkundig. (10) Ich meine aber, vor Gericht zitieren müsse man die, bei denen es den Anschein haben kann, man sei bestochen worden, wenn man sie nicht heranzöge. Für die weniger Vermögenden wäre es ja sogleich eine Ausrede, wenn man die Vermögendsten nicht zuerst zum Reiterdienst zwänge. (11) Mir scheint auch, dass man den jungen Männern Lust auf den Reiterdienst machen kann, wenn man ihnen das Glänzende dieses Dienstes recht vor Augen führt. Man wird auch weniger Widerstand bei denen finden, die über sie zu bestimmen haben, wenn man sie darüber belehrt, dass sie gezwungen werden könnten, Pferde zu halten, freilich nicht von einem selbst, doch von einem anderen aufgrund ihres Vermögens. (12) Wenn sie dir jammernd zurufen, dass du ihre Söhne von kostspieligen[F] und leichtsinnigen Pferdekäufen abhalten sollst, sorge dafür, dass sie schnell zu tüchtigen Reitern ausgebildet werden. Wenn man so mit ihnen redet, muss man auch danach zu handeln versuchen.

(13) Bei denen, die Reiter sind, scheint es mir angebracht zu sein, dass der Rat[S] ihnen vorher bekanntmacht, man werde künftig doppelt so viel reiten müssen. Jedes Pferd, das nicht mit den anderen mitkomme, werde ausgemustert. Auch werde darauf besonders geachtet, die Pferde besser zu ernähren und mehr für sie zu sorgen. (14) Auch scheint es mir richtig, vorher zu sagen, dass man gewalttätige Pferde ausmustern werde. Diese Drohung wird sie veranlassen, solche Pferde eher zu verkaufen und überhaupt beim Ankauf von Pferden mehr Besonnenheit walten zu lassen. (15) Es ist auch gut, vorher zu sagen, man werde die Pferde ausmustern, die beim Reiten ausschlagen – solche mit anderen zusammenzustellen ist ja ganz unmöglich: Man müsste sie, wenn einmal gegen den Feind geritten wird, als letzte nachfolgen las-

ἐλαύνειν, ὑστάτους ἂν αὐτοὺς ἕπεσθαι, ὥστε διὰ τὴν τοῦ ἵππου κακουργίαν ἄχρηστος καὶ ὁ ἱππεὺς καθίσταται.

(16) ὡς δ' ἂν καὶ οἱ πόδες εἶεν τῷ ἵππῳ κράτιστοι, εἰ μέν τις ἄλλην ἔχει ῥᾴω καὶ εὐτελεστέραν ἄσκησιν, ἐκείνη ἔστω· εἰ δὲ μή, ἐγώ φημι χρῆναι πεῖραν ἔχων χύδην καταβαλόντα λίθους τῶν ἐκ τῆς ὁδοῦ ὅσον μναιαίους καὶ πλέον καὶ μεῖον ἐν τούτοις τὸν ἵππον καὶ ψήχειν καὶ ἐνιστάναι ὅταν ἀπὸ τῆς φάτνης ἀποβῇ· βαδίζων γὰρ ἐν τοῖς λίθοις οὔποτε ὁ ἵππος παύσεται οὔθ' ὅταν ψήχηται οὔθ' ὅταν μυωπίζηται. ὁ δὲ πειραθεὶς τά τε ἄλλα ἃ λέγω πιστεύσει καὶ στρογγύλους τοὺς πόδας τοῦ ἵππου ὄψεται.

(17) ὁπότε γε μὴν οἱ ἵπποι εἰσὶν οἵους δεῖ, ὡς ἂν αὐτοὶ οἱ ἱππεῖς ἄριστοι γίγνοιντο, τοῦτο διηγήσομαι. τὸ μὲν τοίνυν τοὺς νέους αὐτῶν ἀναπηδᾶν ἐπὶ τοὺς ἵππους πείθοιμεν ἂν αὐτοὺς μανθάνειν· τὸν διδάξοντα δὲ παρασχὼν ἐπαίνου δικαίως ἂν τυγχάνοις. τούς γε μὴν πρεσβυτέρους τὸν Περσικὸν τρόπον ἀναβάλλεσθαι ὑπ' ἄλλων προσεθίσας καὶ τούτους ὠφελήσαις ἄν. (18) ὅπως γε μὴν ἐν παντοδαποῖς χωρίοις ἔποχοι οἱ ἱππεῖς δυνήσονται εἶναι, τὸ μὲν πυκνὰ ἐξάγειν μὴ πολέμου ὄντος ἴσως ὀχληρόν· συγκαλέσαντα δὲ χρὴ τοὺς ἱππέας συμβουλεῦσαι αὐτοῖς μελετᾶν, καὶ ὅταν εἰς χώραν ἐλαύνωσι καὶ ὅταν ἄλλοσέ ποι, ἐκβιβάζοντας τῶν ὁδῶν καὶ ταχὺ ἐλαύνοντας ἐν τόποις παντοδαποῖς. τοῦτο γὰρ ὠφελεῖ μὲν παραπλησίως τῷ ἐξάγειν, ὄχλον δ' οὐχ ὁμοίως παρέχει. (19) ἐπιτήδειον δὲ ὑπομιμνῄσκειν ὅτι καὶ ἡ πόλις ἀνέχεται δαπανῶσα εἰς τὸ ἱππικὸν ἐγγὺς τετταράκοντα τάλαντα τοῦ ἐνιαυτοῦ, ὡς ἢν πόλεμος γίγνηται,

sen, da sonst das Pferd wegen seiner Böswilligkeit unbrauchbar wird und auch der Reiter ausfällt.

(16) Wichtig ist, darauf zu achten, dass die Füße der Pferde besonders stark sind.[K] Wenn jemand dafür eine andere, einfachere Methode kennt, soll sie gelten. Sonst aber möchte ich aus Erfahrung sagen, man solle Steine, wie sie auf dem Weg liegen, ungefähr eine Mine[G] schwer, auch mehr oder weniger, hinschütten, auf diesem Steinboden das Pferd striegeln[P] und dort auch hinstellen, wenn es von der Krippe[P] kommt. Es wird dann nicht aufhören, auf den Steinen herumzulaufen, weder wenn es gestriegelt wird noch wenn es Bremsen verjagt. Wer dies versucht, wird das Weitere, was ich sage, glauben und sehen, dass die Füße des Pferdes widerstandsfähig werden.

(17) Sind die Pferde so, wie sie sein sollen, will ich nun auch davon sprechen, wie die Reiter selbst am besten ausgebildet werden. Die jungen unter ihnen müssen lernen, auf die Pferde zu springen; wenn du dafür einen geeigneten Lehrmeister finden kannst, wirst du sicher sehr viel Lob erhalten. Den älteren kannst du schon damit nützen, dass du ihnen beibringst, sich nach persischer Art[Z] auf das Pferd setzen zu lassen. (18) Damit sie lernen können, auf Gelände aller Art fest auf dem Pferd zu sitzen, muss man sie in Friedenszeiten häufig Übungsritte unternehmen lassen, mag es auch beschwerlich sein. Deshalb muss man dazu raten, sie zusammenzurufen und ihnen dabei anzuraten, sich tüchtig jeder für sich zu üben, indem sie bei Ritten über Land ihre Pferde vom Weg ablenken und schnell über alle Art von Gelände reiten. Dies ist nämlich ähnlich nützlich wie das Ausrückenlassen der gesamten Reiterei, verursacht aber weniger Aufwand. (19) Es ist passend, darauf hinzuweisen, dass auch die *Polis* für die Reiterei jährlich fast 40 Talente[G] an Kosten[F] trägt, damit sie nicht erst im Kriegsfall eine Reiterei aufstellen muss,

μὴ ζητεῖν δέῃ ἱππικόν, ἀλλ' ἐξ ἑτοίμου ἔχῃ παρεσκευασμένῳ χρῆσθαι. ταῦτα γὰρ ἐνθυμουμένους εἰκὸς καὶ τοὺς ἱππέας μᾶλλον ἂν ἀσκεῖν τὴν ἱππικήν, ὅπως, ἢν πόλεμος ἐγείρηται, μὴ ἀμελετήτους ὄντας ἀγωνίζεσθαι δέῃ περί τε τῆς πόλεως καὶ περὶ εὐκλείας καὶ περὶ τῆς ψυχῆς. (20) ἀγαθὸν δὲ καὶ τοῦτο προειπεῖν τοῖς ἱππεῦσιν, ὅτι ἐξάξεις ποτὲ καὶ σὺ αὐτοὺς καὶ διὰ παντοίων χωρίων ἡγήσῃ. καὶ ἐν ταῖς μελέταις δὲ ταῖς πρὸ τῆς ἀνθιππασίας καλὸν ἐξάγειν ἄλλοτ' εἰς ἀλλοῖον τόπον· καὶ γὰρ τοῖς ἱππεῦσι καὶ τοῖς ἵπποις βέλτιον. (21) ἀκοντίζειν γε μὴν ἀπὸ τῶν ἵππων ὧδ' ἂν πλεῖστοι μοι δοκοῦσι μελετᾶν, εἰ τοῦτ' αὖ προείποις τοῖς φυλάρχοις, ὅτι αὐτοὺς δεήσει ἡγουμένους τοῖς τῆς φυλῆς ἀκοντισταῖς ἐλαύνειν ἐπὶ τὸ ἀκόντιον. φιλοτιμοῖντο γὰρ ἄν, ᾗ τὸ εἰκός, ὡς πλείστους ἕκαστος ἀποδεῖξαι ἀκοντιστὰς τῇ πόλει.

(22) ἀλλὰ μὴν καὶ τοῦ καλῶς γε ὁπλισθῆναι τοὺς ἱππέας οἱ φύλαρχοι ἄν μοι δοκοῦσι μέγιστον συλλαμβάνειν, εἰ πεισθείησαν ὅτι πολύ ἐστι πρὸς τῆς πόλεως εὐδοξότερον τῇ τῆς φυλῆς λαμπρότητι κεκοσμῆσθαι ἢ μόνον τῇ ἑαυτῶν στολῇ. (23) εἰκὸς δὲ μὴ δυσπείστους εἶναι αὐτοὺς τὰ τοιαῦτα, οἵ γε φυλαρχεῖν ἐπεθύμησαν δόξης καὶ τιμῆς ὀρεγόμενοι, δυνατοὶ δ' εἰσὶ καὶ τὰ ἐν τῷ νόμῳ πορίσαι καὶ ἄνευ τοῦ αὐτοὶ δαπανᾶν τῷ μισθῷ ἐπαναγκάζοντες κατὰ τὸν νόμον ὁπλίζεσθαι.

(24) εἴς γε μὴν τὸ εὐπειθεῖς εἶναι τοὺς ἀρχομένους μέγα μὲν τὸ καὶ λόγῳ διδάσκειν ὅσα ἀγαθὰ ἔνι ἐν τῷ πειθαρχεῖν, μέγα δὲ καὶ τὸ ἔργῳ κατὰ τὸν νόμον πλεονεκτεῖν μὲν ποιεῖν τοὺς

sondern sie sofort schon ausgebildet zur Verfügung hat. Wenn die Reiter dies bedenken, werden sie sich erwartungsgemäß auch in der Reitkunst mehr zu vervollkommnen trachten, damit sie im Kriegsfall nicht ungeübt für *Polis*, Ruhm und Leben kämpfen müssen. (20) Es ist gut, den Reitern vorher anzukündigen, dass man sie gelegentlich ausreiten lassen und auf ganz unterschiedliches Gelände führen wird. Auch ist zu empfehlen, sie bei den Übungen im Gegeneinanderreiten (*anthippasia*) einmal an diesen, ein andermal an einen anderen Ort zu führen, denn das ist für Reiter und Pferde besser. (21) Den Wurfspeer vom Pferd aus zu schleudern, werden die Reiter dann besonders gern üben, wenn du auch den *Phylarchoi*[R] vorher Bescheid gibst, dass sie an der Spitze der Wurfspeerschleuderer ihrer *Phyle*[R] zur Übung voranreiten müssen. Dann werden sie erwartungsgemäß eine Ehre darin sehen, mit möglichst vielen Wurfspeerschleuderern der *Polis* zu dienen.

(22) Aber auch darauf, dass die Reiter sich richtig bewaffnen, scheinen mir die *Phylarchoi*[R] den größten Einfluss zu haben, nämlich dann, wenn sie überzeugt sind, dass es vom Standpunkt der *Polis* aus viel ruhmvoller für sie ist, durch den Glanz ihrer *Phyle*[R] als nur durch ihre eigene Rüstung Ehre zu verdienen. (23) Sie sind erwartungsgemäß nicht schwer davon zu überzeugen, auch und gerade diejenigen, die *Phylarchoi* werden wollen, weil sie ruhm- und ehrsüchtig sind. Sie haben auch durch die gesetzlichen Bestimmungen eine Handhabe, ohne selbst dabei etwas aufwenden zu müssen, ihre Leute zu zwingen, sich nach dem Gesetz aus dem erhaltenen Sold zu bewaffnen.

(24) Bedeutsam ist, dass man die Untergebenen mit Worten belehrt, gehorsam zu sein. Der Gehorsam gegen Vorgesetzte bietet nämlich viele Vorteile. Dann soll man durch die Tat dem Gesetz entsprechend bewirken, dass diejenigen, die sich der Ordnung

εὐτάκτους, μειονεκτεῖν δὲ ἐν πᾶσι τοὺς ἀτακτοῦντας. (25) ἰσχυροτάτη δέ μοι δοκεῖ εἶναι παρόρμησις τῶν φυλάρχων εἰς τὸ φιλοτιμεῖσθαι αὐτοὺς καλῶς παρεσκευασμένης ἕκαστον τῆς φυλῆς ἡγεῖσθαι, εἰ τοὺς ἀμφὶ σὲ προδρόμους κοσμήσαις μὲν ὅπλοις ὡς κάλλιστα, ἀκοντίζειν δὲ μελετᾶν ἐξαναγκάσαις ὡς μάλιστα, ἡγοῖο δὲ αὐτοῖς ἐπὶ τὸ ἀκόντιον αὐτὸς εὖ μάλα μεμελετηκώς. (26) εἰ δὲ καὶ ἆθλά τις δύναιτο προτιθέναι ταῖς φυλαῖς πάντων ὁπόσα ἀγαθὰ νομίζουσιν ἀσκεῖσθαι ἐν ταῖς θέαις ὑπὸ τοῦ ἱππικοῦ, τοῦτο πάντας οἶμαι Ἀθηναίους γε μάλιστ' ἂν προτρέπειν εἰς φιλονικίαν. δῆλον δὲ τοῦτο καὶ ἐν τοῖς χοροῖς, ὡς μικρῶν ἄθλων ἕνεκεν πολλοὶ μὲν πόνοι, μεγάλαι δὲ δαπάναι τελοῦνται. τοὺς μέντοι κριτὰς τοιούτους δεῖ εὑρίσκειν παρ' οἷς νικῶντες μάλιστ' ἂν ἀγάλλοιντο.

2 (1) ἢν δὲ δή σοι ταῦτα πάντα ἐξησκημένοι ὦσιν οἱ ἱππεῖς, δεῖ δήπου καὶ τάξιν τινὰ ἐπίστασθαι αὐτοὺς ἐξ ἧς καλλίστας μὲν θεοῖς πομπὰς πέμψουσι, κάλλιστα δὲ ἱππάσονται, ἄριστα δὲ μαχοῦνται, ἢν δέῃ, ῥᾷστα δὲ καὶ ἀταρακτότατα ὁδοὺς πορεύσονται καὶ διαβάσεις περάσουσιν. ᾗ τοίνυν χρώμενοι τάξει δοκοῦσιν ἄν μοι ταῦτα κάλλιστα διαπράττεσθαι, ταύτην νῦν ἤδη πειράσομαι δηλοῦν.

(2) οὐκοῦν ὑπὸ μὲν τῆς πόλεως ὑπάρχουσι διῃρημέναι φυλαὶ δέκα. τούτων δ' ἐγώ φημι χρῆναι πρῶτον μὲν δεκαδάρχους σὺν τῇ τῶν φυλάρχων ἑκάστου γνώμῃ καταστῆσαι ἐκ τῶν

fügen, im Vorteil sind, diejenigen aber, die sich nicht fügen, in allem nur Nachteile erhalten werden. (25) Die kräftigste Aufmunterung für die *Phylarchoi*[R], eine Ehre darin zu suchen, gut ausgerüstet an der Spitze der einzelnen *Phylai*[R] voranzureiten, scheint mir zu sein, wenn man die *Prodromoi*[T], die um einen sind, möglichst schön mit Waffen schmückt, sie dahin bringt, recht geübte Wurfspeerschleuderer zu werden, und zu diesen Übungen selbst ihnen bestens geübt voranreitet. (26) Wenn man noch zudem Kampfpreise für die *Phylai* aussetzen könnte, die alle gut eingeübten und öffentlich zur Schau gebrachten Reitübungen belohnen, würde das, wie ich glaube, den Wetteifer aller anspornen, besonders aber den der Athener. Das kann man ja auch bei den Chören (im Theater)[G] beobachten, wo man für kleine Kampfpreise große Anstrengungen und große Kosten auf sich nimmt. Man sollte dann aber auch solche Kampfrichter ausfindig machen, von denen einen Preis zu bekommen eine besondere Ehre bedeutet.

Einteilung und Ordnung

2 (1) Hast du nun deine Reiter in all diesen Übungen vollkommen ausgebildet, müssen sie auch eine gewisse Ordnung lernen, nach der sie am schönsten die feierlichen Prozessionen zu Ehren der Götter durchführen (s. u. 3,1–5), am schönsten (in der Parade) reiten (s. u. 3,6–14), am besten – wenn es sein muss – kämpfen (s. u. 4,10–20) und am leichtesten und mit der geringsten Unordnung auf dem Marsch einherziehen und (Flüsse oder Gebirge) überschreiten können (s. u. 4,1–9). In welcher Ordnung man mir dies am schönsten ausführen zu können scheint, will ich jetzt anzugeben versuchen.

(2) Die Einteilung der Reiterei in *Phylai*[R] ist von der *Polis* aus eingeführt. In diesen *Phylai* soll man, sage ich, zuerst *Dekadarchoi*[T] nach Wahl des *Phylarchos*[R] einer jeden *Phyle*[R] bestimmen. Man wähle sie aus der Zahl der Leute, die im besten Mannesalter ste-

ἀκμαζόντων τε καὶ φιλοτιμοτάτων καλόν τι ποιεῖν καὶ ἀκούειν· καὶ τούτους μὲν πρωτοστάτας δεῖ εἶναι. (3) μετὰ δὲ τούτους ἴσους χρὴ τούτοις ἀριθμὸν ἐκ τῶν πρεσβυτάτων τε καὶ φρονιμωτάτων ἑλέσθαι οἵτινες τελευταῖοι τῶν δεκάδων ἔσονται. εἰ γὰρ δεῖ καὶ ἀπεικάσαι, οὕτω καὶ σίδηρος μάλιστα διατέμνει σίδηρον, ὅταν τό τε ἡγούμενον τοῦ τομέως ἐρρωμένον ᾖ καὶ τὸ ἐπελαυνόμενον ἱκανόν. (4) τούς γε μὴν ἐν μέσῳ τῶν πρώτων καὶ τῶν τελευταίων, εἰ οἱ δεκάδαρχοι ἐπιστάτας ἕλοιντο καὶ οἱ ἄλλοι ἐφέλοιντο, οὕτως εἰκὸς ἑκάστῳ πιστότατον τὸν ἐπιστάτην εἶναι.

(5) τὸν μέντοι ἀφηγούμενον ἐκ παντὸς τρόπου δεῖ ἱκανὸν ἄνδρα καθιστάναι. ἀγαθὸς γὰρ ὤν, εἴτε ποτὲ δέοι ἐπὶ πολεμίους ἐλαύνειν, ἐγκελεύων ῥώμην ἂν ἐμβάλλοι τοῖς ἔμπροσθεν, εἴτ' αὖ καὶ ἀποχωρεῖν καιρὸς συμβαίνοι, φρονίμως ἀφηγούμενος μᾶλλον ἄν, ὡς τὸ εἰκός, σῴζοι τοὺς φυλέτας. (6) οἱ μέντοι δεκάδαρχοι ἄρτιοι ὄντες πλείω ἴσα μέρη παρέχοιεν ἂν διαιρεῖν ἢ εἰ περιττοὶ εἶεν. αὕτη δέ μοι ἡ τάξις ἀρέσκει διὰ τάδε, ὅτι πρῶτον μὲν οἱ πρωτοστάται πάντες ἄρχοντες γίγνονται· οἱ δ' αὐτοὶ ἄνδρες ὅταν ἄρχωσι, μᾶλλόν πως οἴονται ἑαυτοῖς προσήκειν καλόν τι ποιεῖν ἢ ὅταν ἰδιῶται ὦσιν· ἔπειτα δὲ καὶ ὅταν πρακτέον τι ᾖ, τὸ παραγγέλλειν μὴ ἰδιώταις ἀλλ' ἄρχουσι πολὺ ἁνυτικώτερον.

(7) τεταγμένων γε μὴν οὕτω χρή, ὥσπερ καὶ τοῖς φυλάρχοις προαγορεύεται ἡ χώρα ὑπὸ τοῦ ἱππάρχου ἐν ᾗ ἑκάστῳ ἐλατέον, οὕτω καὶ τοῖς δεκαδάρχοις παρηγγέλθαι ὑπὸ τῶν φυλάρχων ὅπῃ πορευτέον ἑκάστῳ. οὕτω γὰρ προειρημένων πολὺ εὐτακτοτέρως ἂν ἔχοι ἢ εἰ ὥσπερ ἐκ θεάτρου ὡς ἂν τύχωσιν

hen und die danach streben, Ruhm zu erwerben und von sich reden zu machen. Diese müssen im ersten Glied stehen. (3) Danach muss man eine gleiche Zahl aus den Ältesten und Verständigsten aussuchen, die im letzten Glied der *Dekadai*[T] reiten. Wenn ich ein Gleichnis gebrauchen darf: Es durchschneidet auch Eisen am ehesten Eisen, wenn die Spitze des Schneidewerkzeugs scharf und das, was folgt, kräftig ist. (4) Was aber die Leute in der Mitte zwischen denen im ersten und im letzten Glied betrifft, ist es nur billig, dass die *Dekadarchoi* sich ihre Hintermänner wählen, die nach ihnen ebenso, damit auf diese Weise erwartungsgemäß jeder den zuverlässigsten Hintermann hat.

(5) Zum Anführer muss man einen in jeder Hinsicht tüchtigen Mann bestimmen. Wenn er tapfer ist, sobald es gegen den Feind geht, wird er denen, die im ersten Glied stehen, Mut einflößen, wenn der Fall aber einmal eintritt, dass man sich zurückziehen muss, wird er durch kluge Führung, wie zu erwarten ist, die Leute seiner *Phyle*[R] eher in Sicherheit bringen. (6) Sind die *Dekadarchoi*[T] in gerader Anzahl vorhanden, lässt sich die Gruppe besser in gleiche Teile teilen als bei ungerader Zahl. Diese Ordnung gefällt besonders deshalb, weil erstens alle, die im ersten Glied stehen, Anführer sind, dieselben Männer aber, wenn sie Anführer sind, eher glauben, es komme ihnen zu, etwas Ruhmvolles zu tun, als wenn sie einfache Soldaten sind. Dann ist es auch viel erfolgversprechender, nicht einfachen Soldaten, sondern Anführern die Ausführung einer Unternehmung aufzutragen.

(7) Sind sie nun so geordnet, ist es notwendig, genauso wie den *Phylarchoi*[R] vom *Hipparchos*[R] die Stelle vorher angekündigt worden ist, wo jeder zu reiten hat, auch den *Dekadarchoi* zu befehlen, wie jeder zu ziehen habe. Wenn man es so vorher bekanntgibt, wird nämlich viel mehr Ordnung herrschen, als wenn sie – wie Leute, die im Durcheinander gerade aus dem Theater[S] kom-

ἀπιόντες λυποῦσιν ἀλλήλους. (8) καὶ μάχεσθαι δὲ μᾶλλον ἐθέλουσιν οἵ τε πρῶτοι, ἤν τι ἐκ τοῦ πρόσθεν προσπίπτῃ, ὅταν εἰδῶσιν ὅτι αὕτη ἡ χώρα αὐτῶν, καὶ οἱ τελευταῖοι, ἤν τι ὄπισθεν ἐπιφαίνηται, ἐπιστάμενοι ὅτι αἰσχρὸν λιπεῖν τὴν τάξιν. (9) ἄτακτοι δ' ὄντες ἀλλήλους μὲν ταράττουσι καὶ ἐν στεναῖς ὁδοῖς καὶ ἐν διαβάσεσι, τοῖς δὲ πολεμίοις οὐδεὶς ἑκὼν ἑαυτὸν τάττει μάχεσθαι. καὶ ταῦτα μὲν δὴ πάντα ὑπάρχειν δεῖ ἐκπεπονημένα πᾶσι τοῖς ἱππεῦσιν, εἰ μέλλουσιν ἀπροφάσιστοι ἔσεσθαι συνεργοὶ τῷ ἡγουμένῳ.

3 (1) τῶνδέ γε μὴν αὐτῷ ἤδη μέλειν δεῖ τῷ ἱππάρχῳ· πρῶτον μὲν ὅπως καλλιερήσει τοῖς θεοῖς ὑπὲρ τοῦ ἱππικοῦ, ἔπειτα ὅπως τὰς πομπὰς ἐν ταῖς ἑορταῖς ἀξιοθεάτους ποιήσει, ἔτι δὲ καὶ τἆλλα ὅσα ἐπιδεικνύναι δεῖ τῇ πόλει ὅπως ᾗ δυνατὸν κάλλιστα ἐπιδείξει, τά τε ἐν Ἀκαδημείᾳ καὶ τὰ ἐν Λυκείῳ καὶ τὰ Φαληροῖ καὶ τὰ ἐν τῷ ἱπποδρόμῳ. καὶ ταῦτα μὲν ἄλλα ὑπομνήματα· ὡς δὲ τούτων ἕκαστα κάλλιστ' ἂν πράττοιτο, νῦν αὐτὰ ταῦτα λέξω.

(2) τὰς μὲν οὖν πομπὰς οἴομαι ἂν καὶ τοῖς θεοῖς κεχαρισμενωτάτας καὶ τοῖς θεαταῖς εἶναι εἰ, ὅσων ἱερὰ καὶ ἀγάλματα ἐν τῇ ἀγορᾷ ἐστι, ταῦτα ἀρξάμενοι ἀπὸ τῶν Ἑρμῶν κύκλῳ περὶ τὴν ἀγορὰν καὶ τὰ ἱερὰ περιελαύνοιεν τιμῶντες τοὺς θεούς. καὶ ἐν τοῖς Διονυσίοις δὲ οἱ χοροὶ προσεπιχαρίζονται ἄλλοις τε θεοῖς καὶ τοῖς δώδεκα χορεύοντες. ἐπειδὰν δὲ πάλιν πρὸς τοῖς Ἑρμαῖς γένωνται περιεληλακότες, ἐντεῦθεν καλόν μοι δοκεῖ εἶναι κατὰ φυλὰς εἰς τάχος ἀνιέναι τοὺς ἵππους μέχρι τοῦ Ἐλευσινίου. (3) οὐδὲ δόρατα μὴν παραλείψω ὡς ἥκιστα ἂν ἀλλήλοις ἐπαλλάττοιτο. δεῖ γὰρ μεταξὺ τοῖν ὤτοιν τοῦ ἵππου

men[S] – einander bedrängen.[G] (8) Auch kämpfen die im ersten Glied lieber, wenn man von vorne anfällt, sofern sie wissen, dass dies ihr Platz ist, und auch die im letzten Glied, wenn sich etwas von hinten zeigt; sie wissen ja, wie schändlich es ist, die Ordnung zu verlassen. (9) Haben sie hingegen keine bestimmte Ordnung, bringen sie einander auf engen Wegen oder beim Überschreiten (von Flüssen und Bergen)in Verwirrung; dem Kampf mit den Feinden stellt sich dann keiner gerne. Dies alles muss von allen Reitern völlig eingeübt sein, wenn sie allzeit dienstbereite Gehilfen des *Phylarchos*[R] sein wollen.

Prozessionen und Paraden

3 (1) Um folgende Maßnahmen muss sich der *Hipparchos*[R] kümmern: erstens, dass die für die Reiterei den Göttern dargebrachten Opfer günstige Zeichen geben, dann, dass er die feierlichen Prozessionen bei den Festen[G] sehenswert macht, und schließlich, dass er alles, was er zur Ehre der *Polis* vorführen lässt, so schön wie möglich ausführt, sowohl in der *Akademia*[S] als auch im *Lykeion*[S], im *Phaleron*[S] und im *Hippodrom*[S]. Das ist ein anderes Memorandum[X]; wie man es aber im einzelnen am schönsten ausführen kann, will ich jetzt beschreiben.

(2) Die feierlichen Prozessionen würden meiner Ansicht nach den Göttern und auch den Zuschauern am wohlgefälligsten sein, wenn die Reiter um die Heiligtümer und Statuen auf der *Agora*[S], bei den *Hermai*[S] anfangend, rings um die *Agora* und um die Heiligtümer herum ritten. Auch bei den Dionysien werden ja Chöre zu Ehren anderer Götter und insbesondere der Zwölfgötter[G] aufgeführt. Wenn die Reiter aber wieder zu den *Hermai* kommen, sollten von hier aus die Pferde *Phyle*[R] für *Phyle* zum schnellen Lauf angetrieben werden bis hin zum *Eleusinion*[S]. (3) Die Speere sollen dabei so wenig wie möglich zusammenstoßen. Jeder Reiter muss den Speer zwischen die Ohren seines Pferdes halten, wenn die Schar furcht-

ἕκαστον σχεῖν, εἰ μέλλει φοβερά τε καὶ εὐκρινῆ ἔσεσθαι καὶ ἅμα πολλὰ φανεῖσθαι. (4) ἐπειδὰν δὲ τῆς εἰς τάχος διελάσεως λήξωσι, τὴν ἄλλην καλὸν ἤδη σχέδην εἰς τὰ ἱερά, ᾗπερ καὶ πρόσθεν, διελαύνειν. καὶ οὕτως ὅσα ἔστιν ἡδέα ἰδεῖν ἐν ἵππῳ ἀναβεβαμένῳ πάντα ἐπιδεδειγμένα ἔσται καὶ τοῖς θεοῖς καὶ τοῖς ἀνθρώποις. (5) καὶ ὅτι μὲν ταῦτα οὐκ εἰθισμένοι ποιεῖν οἱ ἱππεῖς εἰσιν οἶδα· γιγνώσκω δὲ ὅτι ἀγαθὰ καὶ καλὰ καὶ τοῖς θεαταῖς ἡδέα ἔσται. αἰσθάνομαι δὲ καὶ ἄλλα ἀγωνίσματα τοὺς ἱππέας κεκαινουργηκότας, ἐπειδὴ οἱ ἵππαρχοι ἱκανοὶ ἐγένοντο πεῖσαι ἃ ἐβουλήθησαν.

(6) ὅταν γε μὴν πρὸ τοῦ ἀκοντισμοῦ διελαύνωσιν ἐν Λυκείῳ, καλὸν ἑκατέρας τὰς πέντε φυλὰς ἐπὶ τοῦ μετώπου ἐλαύνειν, ὥσπερ εἰς μάχην ἡγουμένου τοῦ ἱππάρχου καὶ τῶν φυλάρχων ἐν τοιαύτῃ τάξει ἀφ' ἧς πληρώσεται τοῦ δρόμου τὸ πλάτος. (7) ἐπειδὰν δ' ὑπερβάλωσι τὸ κεφάλαιον τοῦ ἀντιπροσώπου θεάτρου, χρήσιμον ἂν οἴομαι φανῆναι καὶ εἰ καθ' ὁπόσους μέτριον εἰς τὸ κάταντες δυναμένους ταχὺ ἐλαύνειν ἐπιδείξαις τοὺς ἱππέας. (8) οὐ μέντοι ἀγνοῶ ὅτι, ἢν μὲν πιστεύωσι δυνήσεσθαι ταχὺ ἐλαύνειν, πάνυ ἂν ἡδέως ἐπιδείξαιντο· ἢν δὲ ἀμελέτητοι ὦσιν, ὁρᾶν χρὴ ὅπως μὴ οἱ πολέμιοι αὐτοὺς τοῦτο δρᾶν ἀναγκάσουσιν.

(9) ἔν γε μὴν ταῖς δοκιμασίαις ἡ μὲν τάξις εἴρηται μεθ' ἧς ἂν κάλλιστα ἱππάζοιντο. ἢν δὲ ὁ ἡγούμενος, ἤνπερ ἔχῃ δυνατὸν ἵππον, ἐν τῷ ἔξωθεν ἀεὶ στίχῳ περιφέρηται, οὕτως αὐτὸς μὲν

bar wie zum Kampf, wohlgeordnet und zugleich zahlreich aussehen soll. (4) Ist das rasche Durchreiten beendet, ist es schön, wenn sie jetzt den Rückweg zu den Tempeln wie zuvor im langsamen Schritt zurücklegen. Auf diese Weise wird alles, was an einem gut gerittenen Pferd lobenswert ist, den Göttern und den Menschen zur Schau gestellt. (5) Ich weiß zwar, dass die Reiter nicht gewohnt sind, so zu reiten, aber ich bin überzeugt, dass es gut, schön und auch für die Zuschauer angenehm sein wird, denn ich sehe, dass auch in anderen Übungen der Kampfspiele von den Reitern Änderungen durchgeführt worden sind, sofern die *Hipparchoi*[R] es vermochten, sie für das zu gewinnen, was sie zeigen wollten.

Reiterübungen und Musterungen

(6) Wenn vor dem Wurfspeerschleudern im *Lykeion*[S] die Bahn durchritten wird, wäre es angebracht, wenn auf beiden Seiten die fünf *Phylai*[R] frontal gegeneinander ritten wie zu einer Schlacht. Dabei müssten der *Hipparchos*[R] und die *Phylarchoi*[R] voran reiten. Die Aufstellung müsste so erfolgen, dass von ihnen die Breite der Bahn ausgefüllt wird. (7) Sind sie nun über die Spitze des (den Zuschauern) gegenüberliegenden (Dionysos-)Theaters[S] hinausgekommen, würde es, meine ich, gut aussehen, wenn man den Zuschauern das Schauspiel bieten könnte, dass man die Reiter – so viele auf einmal, wie der Raum zu fassen vermag – in schnellem Tempo den Hügel herabreiten ließe. (8) Es ist mir freilich nicht unbekannt, dass Reiter, die glauben, schnell reiten zu können, sich gern in dieser Gangart produzieren wollen. Wenn sie aber darin noch ungeübt sind, muss man darauf achten, dass ihnen das nicht erst die Feinde beibringen!

(9) Bei den Musterungen[R] ist die Ordnung bestimmt, in der sie am schönsten reiten werden. Wenn der jeweilige Anführer unter der Voraussetzung, dass er ein kräftiges Pferd hat, immer außen um die Reihen herum reitet, wird er selbst auf diese Weise im-

ἀεὶ ταχὺ ἐλᾷ καὶ οἱ σὺν αὐτῷ ἔξωθεν γιγνόμενοι πάλιν αὖ ταχὺ ἐλῶσιν· ὥστε ἡ μὲν βουλὴ ἀεὶ τὸ ταχὺ ἐλαυνόμενον θεάσεται, οἱ δὲ ἵπποι οὐκ ἀπεροῦσιν ἐν μέρει ἀναπαυόμενοι. (10) ὅταν γε μὴν ἐν τῷ ἱπποδρόμῳ ἡ ἐπίδειξις ᾖ, καλὸν μὲν οὕτω πρῶτον τάξασθαι ὡς ἂν ἐπὶ μετώπου ἐμπλήσαντες ἵππων τὸν ἱππόδρομον ἐξελάσειαν τοὺς ἐκ τοῦ μέσου ἀνθρώπους· (11) καλὸν δ', ἐπεὶ αἱ φυλαὶ ἐν τῇ ἀνθιππασίᾳ φεύγουσί τε ἀλλήλας καὶ διώκουσι ταχέως, ὅταν οἱ ἵππαρχοι ἡγῶνται ταῖς πέντε φυλαῖς, ἑκατέρας διελαύνειν τὰς φυλὰς δι' ἀλλήλων. ταύτης γὰρ τῆς θέας τό τε ἀντιμετώπους προσελαύνειν ἀλλήλοις γοργόν, τό τε διελάσαντας τὸν ἱππόδρομον ἀντίους πάλιν στῆναι ἀλλήλοις σεμνόν, (12) καὶ τὸ ὑπὸ σάλπιγγος αὖ τὸ δεύτερον θᾶττον ἐπελαύνειν καλόν. στάντας δὲ ἤδη τὸ τρίτον αὖ ὑπὸ τῆς σάλπιγγος χρὴ τάχιστα ἀλλήλοις ἐπελαύνειν, καὶ διελάσαντας εἰς κατάλυσιν ἤδη ἐπὶ φάλαγγος ἅπαντας καταστάντας, ὥσπερ εἰώθατε, πρὸς τὴν βουλὴν προσελαύνειν. (13) ταῦτά μοι δοκεῖ πολεμικώτερά τε φαίνεσθαι ἂν καὶ καινότερα. τὸ δὲ βραδύτερον μὲν τῶν φυλάρχων ἐλαύνειν, τὸν δ' αὐτὸν τρόπον ἐκείνοις ἱππεύειν, οὐκ ἄξιον ἱππαρχίας.

(14) ὅταν γε μὴν ἐν τῷ ἐπικρότῳ ἐν Ἀκαδημέᾳ ἱππεύειν δέῃ, ἔχω τάδε παραινέσαι· εἰς μὲν τὸ μὴ ἀποκρούεσθαι ἀπὸ τῶν ἵππων, ὑπτίους ἀναπεπτωκότας ἐλαύνειν, εἰς δὲ τὸ μὴ πίπτειν, τοὺς ἵππους ὑπολαμβάνειν ἐν ταῖς ἀναστροφαῖς. τὰ μέντοι ὀρθὰ ταχὺ ἐλαύνειν χρή· οὕτω γὰρ τὸ ἀσφαλὲς καὶ τὸ καλὸν θεάσεται ἡ βουλή.

mer schnell reiten und diejenigen, die mit ihm außerhalb sind, werden ebenso schnell reiten, so dass der Rat[S] immer die schnell Reitenden sehen wird; den Pferden aber werden die Kräfte nie versagen, da sie sich teilweise wieder ausruhen können. (10) Wird die Schau im *Hippodrom*[S] veranstaltet, sollen sich die Reiter zuerst so aufstellen, dass sie das *Hippodrom* mit ihrer Front der Breite nach mit Pferden ausfüllen und die Männer aus der Mitte wegdrängen. (11) Es ist schön, wenn die *Phylai*[R] beim Gegeneinanderreiten (*anthippasia*)[S] in schnellem Tempo voreinander fliehen oder einander verfolgen, wobei die *Hipparchoi*[R] an der Spitze der (jeweils) fünf *Phylai* agieren, dann aber plötzlich *Phyle* für *Phyle* zwischeneinander hindurch reiten. Bei diesem Schauspiel wirkt es lebhaft, wenn sie in Front gegeneinander losreiten, aber feierlich, wenn sie das *Hippodrom* durchritten haben und dann wieder einander gegenüberstehen. (12) Auch das ist ein schöner Anblick, wenn sie auf ein Trompetensignal hin zum zweiten Mal wieder schneller aufeinander losreiten. Dann wird haltgemacht, und auf ein erneutes Trompetensignal müssen sie zum dritten Mal im schnellsten Lauf gegeneinander reiten. Wenn sie dann wieder zwischeneinander durchgeritten sind, stellen sie sich zum Schluss alle in gewohnter *Phalanx*[T] auf und reiten geschlossen zum Rat hinüber. (13) Dies scheint mir kriegerischer und neuartiger auszusehen. Langsamer als die *Phylarchoi*[R] oder in gleicher Weise wie sie zu reiten, ist aber dem Ansehen eines *Hipparchos*[R] nicht zuträglich.

(14) Wenn sie aber auf dem abschüssigen Boden in der *Akademia*[S] reiten müssen, habe ich folgende Empfehlung: Um nicht vom Pferd abgeworfen zu werden, müssen die Reiter zurückgelehnt reiten. Damit die Pferde nicht stürzen, muss man sie bei den Wendungen versammeln. Geradeaus jedoch müssen sie schnell geritten werden. So wird der Rat das Sichere und Schöne in ihren Bewegungen am besten erkennen können.

4 (1) ἔν γε μὴν ταῖς πορείαις ἀεὶ δεῖ τὸν ἵππαρχον προνοεῖν ὅπως ἀναπαύῃ μὲν τῶν ἵππων τὰς ἕδρας, ἀναπαύῃ δὲ τοὺς ἱππέας τῷ βαδίζειν, μέτριον μὲν ὀχοῦντα, μέτριον δὲ πεζοποροῦντα. τοῦ δὲ μετρίου ἐννοῶν οὐκ ἂν ἁμαρτάνοις· αὐτὸς γὰρ μέτρον ἕκαστος τοῦ μὴ λαθεῖν ὑπερπονοῦντας. (2) ὅταν μέντοι ἀδήλου ὄντος εἰ πολεμίοις ἐντεύξῃ πορεύῃ ποι, κατὰ μέρος χρὴ τὰς φυλὰς ἀναπαύειν. χαλεπὸν γὰρ εἰ πᾶσι καταβεβηκόσι πλησιάσειαν οἱ πολέμιοι. (3) καὶ ἢν μέν γε διὰ στενῶν ὁδῶν ἐλαύνῃς, ἀπὸ παραγγέλσεως εἰς κέρας ἡγητέον· ἢν δὲ πλατείαις ἐπιτυγχάνῃς ὁδοῖς, ἀπὸ παραγγέλσεως αὖ πλατυντέον τῆς φυλῆς ἑκάστης τὸ μέτωπον· ὅταν γε μὴν εἰς πεδίον ἀφικνῆσθε, ἐπὶ φάλαγγος πάσας τὰς φυλὰς ἀκτέον. ἀγαθὸν γὰρ καὶ μελέτης ἕνεκα ταῦτα ποιεῖν καὶ τοῦ ἥδιον διαπερᾶν τὰς ὁδοὺς ποικίλλοντας ἱππικαῖς τάξεσι τὰς πορείας.

(4) ὅταν μέντοι ἔξω τῶν ὁδῶν διὰ δυσχωριῶν ἐλαύνητε, μάλα χρήσιμον καὶ ἐν πολεμίᾳ καὶ ἐν φιλίᾳ προελαύνειν τῆς φυλῆς ἑκάστης τῶν ὑπηρετῶν οἵτινες, ἢν ἀπόροις νάπαις ἐντυγχάνωσι, παριόντες ἐπὶ τὰ εὔπορα δηλώσουσι τοῖς ἱππεῦσιν ᾗ χρὴ τὴν ἔλασιν ποιεῖσθαι, ὡς μὴ ὅλαι αἱ τάξεις πλανῶνται. (5) ἢν δὲ δι᾽ ἐπικινδύνων ἐλαύνητέ που, φρονίμου ἱππάρχου τὸ τῶν προόδων ἄλλους προόδους διερευνωμένους προηγεῖσθαι· τὸ γὰρ ὡς ἐκ πλείστου προαισθάνεσθαι πολεμίων χρήσιμον καὶ πρὸς τὸ ἐπιθέσθαι καὶ πρὸς τὸ φυλάξασθαι, καὶ τὸ ἀναμένειν δὲ ἐπὶ ταῖς διαβάσεσιν, ὡς μὴ κατακόπτωσι τοὺς ἵππους οἱ

Erkundung und Wege

4 (1) Auf dem Marsch muss der *Hipparchos*[R] immer dafür sorgen, dass er die Aufsitzstellen[K] der Pferde ausruhen lasse, aber auch, dass er die Reiter vom Gehen ausruhen lasse, indem er maßvoll reiten und maßvoll zu Fuß gehen lässt. Das rechte Maß aber wird man, wenn man darauf achtet, nicht verfehlen, denn jeder hat an sich selbst ein Maß dafür, dass sich die Reiter nicht unversehens zu sehr anstrengen. (2) Wenn man jedoch irgendwo hinzieht und es ungewiss ist, ob man auf Feinde stoßen wird, darf man nur einen Teil der *Phylai*[R] ausruhen lassen. Es wäre ja schwierig, wenn die Feinde plötzlich kämen, während alle abgesessen sind. (3) Wenn man durch Hohlwege zieht, muss man seine Leute auf mündlichen Befehl in gerader Linie in Kolonne führen. Kommt man aber auf breite Wege, ist wieder durch mündlichen Befehl die Front jeder *Phyle* zu verbreitern. Wenn man auf eine Ebene gelangt, sollen alle *Phylai* in breiter *Phalanx*[T] angeführt werden. Es ist nämlich gut, das zu üben, und es macht den Marsch durch solche verschiedenen Ordnungen für die Reiter abwechslungsreich.

(4) Wenn man aber außerhalb der Wege durch beschwerliches Gelände zieht, ist es sowohl in Feindes- als auch in Freundesland sehr nützlich, wenn einige von den einfachen Soldaten als Helfer voranziehen, die jeder *Phyle*[R] vorausreiten. Wenn sie auf unwegsame Schluchten stoßen, lenken sie auf die gangbaren Stellen ein und zeigen so den Reitern, welchen Weg sie einschlagen sollen. Damit verhindern sie, dass sich die ganzen Abteilungen verirren. (5) Wenn man aber unter drohenden Gefahren vorwärtsreitet, ist es Sache eines klugen *Hipparchos*[R], vor diesen Vorreitern noch andere Vorreiter mit dem Auftrag auszusenden, die Lage des Feindes auszukundschaften. Nützlich ist es auch, beim Angriff und auch bei der Abwehr, nach Übergängen (über Flüsse oder Berge), zu warten und eine Ruhepause einzulegen, damit die Pferde nicht

τελευταῖοι τὸν ἡγεμόνα διώκοντες. ἴσασι μὲν οὖν ταῦτα σχεδὸν ἅπαντες, καρτερεῖν δ' ἐπιμελούμενοι οὐ πολλοὶ ἐθέλουσι. (6) προσήκει δὲ ἱππάρχῳ ἔτι ἐν εἰρήνῃ ἐπιμελεῖσθαι ὅπως ἐμπείρως ἕξει τῆς τε πολεμίας καὶ τῆς φιλίας χώρας· ἢν δ' ἄρα αὐτὸς ἀπείρως ἔχῃ, τῶν ἄλλων γε δὴ τοὺς ἐπιστημονεστάτους ἑκάστων τόπων παραλαμβάνειν. πολὺ γὰρ διαφέρει ἡγούμενος ὁ εἰδὼς τὰς ὁδοὺς τοῦ μὴ εἰδότος, καὶ ἐπιβουλεύων δὲ πολεμίοις ὁ εἰδὼς τοὺς τόπους τοῦ μὴ εἰδότος πολὺ διαφέρει.

(7) καὶ κατασκόπων δὲ πρὶν πόλεμον εἶναι δεῖ μεμεληκέναι, ὅπως ἔσονται καὶ ἐκ πόλεων ἀμφοτέροις φιλίων καὶ ἐξ ἐμπόρων· πᾶσαι γὰρ αἱ πόλεις τοὺς εἰσάγοντάς τι ἀεὶ ὡς εὐμενεῖς δέχονται· καὶ ψευδαυτόμολοι δ' ἔστιν ὅτε χρήσιμον. (8) οὐ μέντοι τοῖς γε κατασκόποις δεῖ ποτε πιστεύοντα φυλακῆς ἀμελεῖν, ἀλλ' ἀεὶ οὕτως κατεσκευάσθαι χρή, ὥσπερ ἢν ἥξοντες εἰσηγγελμένοι ὦσιν οἱ πολέμιοι. καὶ γὰρ ἢν πάνυ πιστοὶ ὦσιν οἱ κατάσκοποι, χαλεπὸν ἐν καιρῷ ἀπαγγέλλειν· πολλὰ γὰρ ἐν πολέμῳ τὰ ἐμπόδια συμπίπτει.

(9) τάς γε μὴν ἐξαγωγὰς τοῦ ἱππικοῦ ἧττον ἂν οἱ πολέμιοι αἰσθάνοιντο, εἰ ἀπὸ παραγγέλσεως γίγνοιντο μᾶλλον ἢ εἰ ὑπὸ κήρυκος ἢ εἰ ἀπὸ προγραφῆς. ἀγαθὸν οὖν καὶ τὸ πρὸς τὸ διὰ παραγγέλσεως ἐξάγειν τὸ δεκαδάρχους καθιστάναι, καὶ ἐπὶ τοῖς δεκαδάρχοις πεμπαδάρχους, ἵνα ὡς ἐλαχίστοις ἕκαστος παραγγέλλῃ· (10) καὶ τὸ μέτωπον δὲ οὕτως μηκύνοιεν ἂν τῆς τάξεως ἀταράκτως οἱ πεμπάδαρχοι παράγοντες, ὁπότε τούτου

erschöpft werden, wenn sie versuchen, den Voranziehenden rasch nachzukommen. Das ist zwar allgemein bekannt, wird aber nicht immer beachtet. (6) Es ist Aufgabe des *Hipparchos*[R], sich noch im Frieden über die Verhältnisse des feindlichen wie auch des eigenen Landes Kenntnisse zu verschaffen. Wenn er selbst sich nicht die nötigen Kenntnisse verschaffen kann, soll er wenigstens von seinen Leuten die in diesen Gegenden Kundigsten zu sich heranziehen. Es besteht ja ein großer Unterschied zwischen einem Anführer, der die Wege kennt, und einem, der sie nicht kennt. Wenn er dem Feind einen Hinterhalt legen will, ist der Wissende dem Nichtwissenden weit überlegen.

Maßnahmen vor Kriegsausbruch

(7) Bevor ein Krieg ausbricht, sollte man sich auch schon um Kundschafter bemühen. Man suche sie sich aus *Poleis* aus, die mit beiden Parteien befreundet sind, am besten Kaufleute. Alle *Poleis* nehmen ja diejenigen, die etwas importieren, immer wohlwollend auf. Auch angebliche Überläufer sind manchmal nützlich. (8) Doch darf man nie im Vertrauen auf die Kundschafter die Wachsamkeit vernachlässigen, sondern muss immer so gerüstet sein, als ob die Feinde gerade im Anmarsch seien. Auch wenn nämlich die Kundschafter treu und zuverlässig sind, ist es manchmal schwierig, Nachrichten noch zur rechten Zeit durchzubringen, denn im Krieg treten viele Hindernisse unerwartet ein.

(9) Das Ausrücken mit der Reiterei wird von den Feinden weniger bemerkt werden können, wenn es nur durch mündlichen Befehl[T] und nicht durch Heroldsruf oder schriftlichen Aushang umgesetzt wird. Es ist auch gut, beim Ausrücken auf mündlichen Befehl *Dekadarchoi*[T] aufzustellen und außer den *Dekadarchoi* noch *Pempadarchoi*[T], damit jeder so wenigen wie möglich befehle (10) und damit die *Pempadarchoi* die Front der Schlachtordnung ohne Durcheinander verbreitern, wenn es der Moment erfordert.

καιρὸς εἴη. ὅταν γε μὴν προφυλάττειν δέῃ, ἐγὼ μὲν ἀεὶ ἐπαινῶ τὰς κρυπτὰς σκοπάς τε καὶ φυλακάς· οὕτω γὰρ ἅμα μὲν τῶν φίλων φυλακαὶ γίγνονται, ἅμα δὲ τοῖς πολεμίοις ἐνέδραι κατασκευάζονται. (11) καὶ αὐτοὶ μὲν δυσεπιβουλευτότεροί εἰσιν ἀφανεῖς ὄντες, τοῖς δὲ πολεμίοις φοβερώτεροι. τὸ γὰρ εἰδέναι μὲν ὅτι εἰσί που φυλακαί, ὅπου δ' εἰσὶ καὶ ὁπόσαι μὴ εἰδέναι, τοῦτο θαρσεῖν μὲν κωλύει τοὺς πολεμίους, ὑποπτεύειν δὲ ἀναγκάζει πάντα τὰ χωρία· αἱ δὲ φανεραὶ φυλακαὶ δῆλα παρέχουσι καὶ τὰ δεινὰ καὶ τὰ εὔθαρσῆ. (12) ἔτι δὲ τῷ μὲν κρυπτὰς ἔχοντι φυλακὰς ἐξέσται μὲν φανεροῖς ὀλίγοις ἔμπροσθεν τῶν κρυπτῶν φυλάττοντα πειρᾶσθαι τοὺς πολεμίους εἰς ἐνέδρας ὑπάγειν· ἀγρευτικὸν δὲ καὶ ὄπισθεν τῶν κρυπτῶν ἄλλοις φανεροῖς ἔστιν ὅτε φυλάττειν· καὶ τοῦτο γὰρ ἐξαπατητικὸν τῶν πολεμίων ὁμοίως τῷ πρόσθεν εἰρημένῳ.

(13) ἀλλὰ μὴν φρονίμου γε ἄρχοντος καὶ τὸ μήποτε κινδυνεύειν ἑκόντα, πλὴν ὅπου ἂν πρόδηλον ᾖ ὅτι πλέον ἕξει τῶν πολεμίων· τὸ δὲ ὑπηρετεῖν τὰ ἥδιστα τοῖς πολεμίοις προδοσία τῶν ξυμμάχων δικαίως ἂν μᾶλλον ἢ ἀνδρεία κρίνοιτο. (14) σῶφρον δὲ καὶ τὸ ἐκεῖσε ὁρμᾶν ὅπου ἂν ἀσθενῆ τὰ τῶν πολεμίων ᾖ, κἂν πρόσω ὄντα τυγχάνῃ. τὸ γὰρ σφόδρα πονῆσαι ἀκινδυνότερον ἢ πρὸς τοὺς κρείττους ἀγωνίζεσθαι.

(15) ἢν δέ πῃ εἰς μέσον φιλίων τειχέων εἰσίωσιν οἱ πολέμιοι, κἂν πολὺ κρείττους ὄντες, καλὸν μὲν ἐντεῦθεν ἐπιχειρεῖν ὁποτέρωθι ἂν λελήθῃς παρών, καλὸν δὲ καὶ ἅμα ἀμφοτέρωθεν. ὅταν γὰρ οἱ ἕτεροι ἀποχωρῶσιν, οἱ ἐκ τοῦ ἐπὶ θάτερα ἐλαύνοντες ταράττοιεν

Wenn man eine Vorhut aufstellen muss, empfehle ich immer die versteckten Spähorte und Wachposten, denn so sind sie ein Wachposten für die Freunde, und gleichzeitig wird dem Feind ein Hinterhalt bereitet. (11) Sie sind auch selbst weniger einem hinterlistigen Angriff ausgesetzt, wenn sie unsichtbar sind, den Feinden aber gefährlicher. Die Gewissheit, dass irgendwo Wachposten stehen, von denen man aber nicht weiß, wo und wie stark sie sind, wenn sie ihnen unsichtbar bleiben, macht die Feinde nämlich unsicher und zwingt sie, alle Plätze für verdächtig zu halten. Bei sichtbaren Wachposten ist hingegen sowohl das Furchtbare wie das Ermutigende offenbar. (12) Zudem besteht für den, der versteckte Wachposten hat, noch die Möglichkeit, die Feinde in einen Hinterhalt zu locken, wenn man vor den versteckten Wachposten noch einige weitere aufstellt, die sichtbar sind. Ein Mittel, den Feind in die Falle zu locken, ist auch manchmal, sichtbare Posten hinter den versteckten aufzustellen, denn auch dies dient dazu, die Feinde zu täuschen.

(13) Ein kluger Anführer darf aber auch niemals ein Risiko freiwillig eingehen, außer wenn es im Voraus klar ist, dass er dem Feind gegenüber im Vorteil ist. Dem Feind aber gerne zu Willen zu sein, indem man eine Schlacht annimmt, wird man mit Recht eher für Verrat an den Mitstreitern als für Tapferkeit halten. (14) Klug ist es auch, an den Stellen vorzugehen, an denen die Streitkraft des Feindes geringer ist, auch wenn es weite Wege erfordert. Es ist ja weniger gefährlich, sich sehr anzustrengen, als gegen Stärkere zu kämpfen.

(15) Wenn aber die Feinde mitten zwischen befreundete Befestigungen vorrücken, soll man sie, auch wenn sie viel stärker sind, von einer Seite aus angreifen, wo man es unbemerkt tun kann, oder auch von beiden Seiten. Wenn nämlich die einen abziehen, werden diejenigen, die von der anderen Seite kommen, die Fein-

μὲν ἂν τοὺς πολεμίους, σῴζοιεν δ' ἂν τοὺς φίλους. (16) καὶ τὸ μὲν διὰ κατασκόπων πειρᾶσθαι εἰδέναι τὰ τῶν πολεμίων πάλαι εἴρηται ὡς ἀγαθόν ἐστιν· ἐγὼ δὲ πάντων ἄριστον νομίζω εἶναι τὸ αὐτὸν πειρᾶσθαι, ἢν ᾖ ποθεν ἐξ ἀσφαλοῦς, θεώμενον τοὺς πολεμίους ἀθρεῖν ἤν τι ἁμαρτάνωσι.

(17) καὶ τὸ μὲν κλαπῆναι δυνατὸν πέμπειν χρὴ τοὺς ἐπιτηδείους κλέψοντας, τὸ δ' ἁρπασθῆναι ἐγχωροῦν ἐφιέναι τοὺς ἁρπάσοντας. ἢν δὲ πορευομένων ποι τῶν πολεμίων ἀπαρτᾶταί τι ἀσθενέστερον τῆς αὑτοῦ δυνάμεως ἢ θαρροῦν ἀποσκεδαννύηται, οὐδὲ τοῦτο χρὴ λανθάνειν· ἀεὶ μέντοι τῷ ἰσχυροτέρῳ τὸ ἀσθενέστερον θηρᾶν. (18) δυνατὸν δὲ προσέχοντι τὸν νοῦν ταῦτα καταμανθάνειν, ἐπεὶ καὶ τὰ βραχυγνωμονέστερα ἀνθρώπου θηρία, οἵ τε ἴκτινοι δύνανται ὃ ἂν ἀφύλακτον ᾖ ἀφαρπάσαντες εἰς τὸ ἀσφαλὲς ἀποχωρεῖν πρὶν ληφθῆναι, καὶ οἱ λύκοι δὲ τά τε ἐρημούμενα φυλακῆς ἀγρεύουσι καὶ τὰ ἐν τοῖς δυσοράτοις κλέπτουσι, (19) κἂν μεταθέων γέ τις ἐπιγίγνηται κύων, ἢν μὲν ἥττων ᾖ, τούτῳ ἐπιτίθεται, ἢν δὲ κρείττων, ἀποσπάσας ὅ τι ἂν ἔχῃ ἀποχωρεῖ. ὅταν δέ γε φυλακῆς καταφρονήσωσι λύκοι, τάξαντες ἑαυτῶν τοὺς μὲν ἀπελάσαι τὴν φυλακήν, τοὺς δὲ ἁρπάζειν, οὕτω τὰ ἐπιτήδεια πορίζονται. (20) θηρίων γε μὴν δυναμένων τὰ τοιαῦτα φρονίμως λῄζεσθαι, πῶς οὐκ ἄνθρωπόν γε ὄντα εἰκὸς σοφώτερον τούτων φαίνεσθαι ἃ καὶ αὐτὰ τέχνῃ ὑπ' ἀνθρώπου ἁλίσκεται;

de in Verwirrung bringen und die Freunde retten. (16) Dass es auch gut ist, durch Kundschafter die Lage der Feinde zu erfahren, ist bereits gesagt worden (s. o. 4,7). Ich glaube aber, dass es das Allerbeste ist zu versuchen, selbst die Feinde zu beobachten, wenn man das von einer Stelle aus in Sicherheit tun kann, und zu sehen, ob sie sich irgendwo eine Blöße geben.

(17) Um mit List etwas erbeuten zu können, muss man geeignete Leute dazu ausschicken. Wenn es aber darum geht, mit Gewalt etwas wegzunehmen, soll man Männer ausschicken, die dazu fähig sind. Wenn sich vom marschierenden Feind eine schwächere (als die eigene) Streitmacht abtrennt oder sich zerstreut, um zu plündern, darf einem auch das nicht verborgen bleiben. Immer muss man mit dem stärkeren Haufen den schwächeren jagen. (18) Wer aufmerksam alles verfolgt, kann das alles in Erfahrung bringen, da ja auch die Tiere, die doch weniger Verstand als die Menschen haben, wie etwa die Greifvögel, alles, was unbewacht ist, rauben und sich in Sicherheit bringen, ehe sie gefangen werden, oder auch die Wölfe alles, was nicht bewacht wird, wegfangen oder, was an verborgenen Orten ist, wegstehlen. (19) Wenn ein Hund den Wolf verfolgt und ihn einholt, greift der Wolf den Hund an, wenn dieser schwächer ist. Wenn er aber stärker ist, tötet er das, was er hat, und macht sich davon. Wenn die Wölfe einen Wachposten geringschätzen, bestimmen sie einige von sich, die den Wachposten vertreiben müssen, während die anderen rauben; so verschaffen sie sich, was sie brauchen. (20) Wenn nun Tiere unter solchen Umständen sich ihre Beute mit Klugheit zu verschaffen wissen, wie sollte sich da einer, der doch ein Mensch ist, erwartungsgemäß nicht noch klüger zeigen als sie, die ja selbst vom Menschen durch Klugheit gefangen werden?

5 (1) κἀκεῖνό γε μὴν εἰδέναι ἱππικοῦ ἀνδρός, ἐκ πόσου ἂν ἵππος πεζὸν ἕλοι καὶ ἐξ ὁπόσου βραδεῖς ἵπποι ταχεῖς ἂν ἀποφύγοιεν. ἱππαρχικὸν δὲ καὶ χωρία γιγνώσκειν ἔνθα πεζοὶ κρείττους ἱππέων καὶ ἔνθα πεζῶν κρείττους ἱππῆς. (2) χρὴ δὲ μηχανητικὸν εἶναι καὶ τοῦ πολλοὺς μὲν φαίνεσθαι τοὺς ὀλίγους ἱππέας, πάλιν δ' ὀλίγους τοὺς πολλούς, καὶ τοῦ δοκεῖν παρόντα μὲν ἀπεῖναι, ἀπόντα δὲ παρεῖναι, καὶ τοῦ μὴ τὰ τῶν πολεμίων μόνον κλέπτειν ἐπίστασθαι, ἀλλὰ καὶ τοὺς ἑαυτοῦ ἱππέας ἅμα κλέπτοντα ἐξ ἀπροσδοκήτου τοῖς πολεμίοις ἐπιτίθεσθαι. (3) ἀγαθὸν δὲ μηχάνημα καὶ τὸ δύνασθαι, ὅταν μὲν τὰ ἑαυτοῦ ἀσθενῶς ἔχῃ, φόβον παρασκευάζειν τοῖς πολεμίοις ὡς μὴ ἐπίθωνται, ὅταν δ' ἐρρωμένως, θάρσος αὐτοῖς ἐμποιεῖν ὡς ἐγχειρῶσιν. οὕτω γὰρ αὐτὸς μὲν ἂν ἥκιστα κακῶς πάσχοις, τοὺς δὲ πολεμίους μάλιστ' ἂν ἁμαρτάνοντας λαμβάνοις.

(4) ὅπως δὲ μὴ προστάττειν δοκῶ ἀδύνατα, γράψω καὶ ὡς ἂν γίγνοιτο τὰ δοκοῦντα αὐτῶν χαλεπώτατα εἶναι. τὸ μὲν τοίνυν μὴ σφάλλεσθαι ἐγχειροῦντα διώκειν ἢ ἀποχωρεῖν ἐμπειρία ποιεῖ ἵππων δυνάμεως. πῶς δ' ἂν ἐμπείρως ἔχοις; εἰ προσέχοις τὸν νοῦν ἐν ταῖς μετὰ φιλίας ἀνθιππασίαις οἷοι ἀποβαίνουσιν ἐκ τῶν διώξεών τε καὶ φυγῶν.

(5) ὅταν μέντοι βούλῃ τοὺς ἱππέας πολλοὺς φαίνεσθαι, ἓν μὲν πρῶτον ὑπαρχέτω, ἤνπερ ἐγχωρῇ, μὴ ἐγγὺς τῶν πολεμίων ἐγχειρεῖν ἐξαπατᾶν· καὶ γὰρ ἀσφαλέστερον τὸ πρόσω καὶ ἀπατητικώτερον. ἔπειτα δὲ χρὴ εἰδέναι ὅτι ἀθρόοι μὲν ἵπποι

Kriegslisten

5 (1) Auch das ist Sache eines Reitersmannes, zu wissen, auf welche Entfernung ein Pferd einen Fußsoldaten einholt und auf welche Entfernung langsame Pferde schnellen entfliehen können. Man soll auch die Gegenden kennen, wo die Fußsoldaten besser vorankommen als die Reiter und umgekehrt. (2) Man muss auch listig verstehen, den Anschein zu erwecken, dass wenige Reiter viele zu sein scheinen und umgekehrt. Auch muss man, wenn man schon an Ort und Stelle ist, dem Feind noch sehr weit entfernt erscheinen können und ebenfalls umgekehrt. Man muss auch das Eigentum der Feinde mit List zu erbeuten verstehen, aber dabei müssen die eigenen Reiter die Feinde auch unvermutet angreifen können. (3) Eine gute Kriegslist ist auch, wenn die eigene Streitmacht schwach ist, den Feinden Furcht einzujagen, so dass sie nicht angreifen, wenn die eigene Streitmacht aber stark ist, ihnen Mut für einen Angriff zu machen. So nämlich wird man selbst am wenigsten Schaden leiden; die Feinde aber wird man am ehesten durch ihre Fehler in seine Gewalt bekommen.

(4) Damit ich nicht etwas Unmögliches zu verlangen scheine, will ich beschreiben, wie das, was am schwersten erscheint, geschehen kann: Wenn jemand eine Verfolgung oder einen Rückzug unternimmt, muss er genaue Kenntnis vom Kräftezustand seiner Pferde haben. Wie kann er aber davon Kenntnis erlangen? Dadurch, dass er genau beobachtet hat, wie es beim freundschaftlichen Gegeneinanderreiten und anschließender Verfolgung oder beim Rückzug zugeht (s. o. 3,10–12)!

(5) Wenn man den Feinden eine zahlreiche Reiterschar vortäuschen will, darf man das nicht zu nahe an den Feinden tun. Es ist nämlich sicherer und täuscht viel mehr, wenn man das in der Ferne ausführt. Dann muss man wissen, dass Pferde, wenn sie beisammenstehen, wegen der Größe der Tiere zahlreich erschei-

πολλοὶ φαίνονται διὰ τὸ μέγεθος τοῦ ζῴου, διασπειρόμενοι δ' εὐαρίθμητοι γίγνονται. (6) ἔτι δ' ἂν πλέον σοι τὸ ἱππικὸν τοῦ ὄντος φαίνοιτο, εἰ τοὺς ἱπποκόμους εἰς τοὺς ἱππέας ἐνισταίης μάλιστα μὲν δόρατα, εἰ δὲ μή, ὅμοια δόρασιν ἔχοντας, ἤν τε ἑστηκὸς ἐπιδεικνύῃς τὸ ἱππικὸν ἤν τε παράγῃς· ἀνάγκη γὰρ τὸν ὄγκον τῆς τάξεως οὕτω μείζω τε καὶ πυκνότερον φαίνεσθαι.

(7) ἢν δ' αὖ τοὺς πολλοὺς ὀλίγους βούλῃ δοκεῖν εἶναι, ἢν μέν σοι χωρία ὑπάρχῃ οἷα συγκρύπτειν, δῆλον ὅτι τοὺς μὲν ἐν τῷ φανερῷ ἔχων, τοὺς δ' εἰς τὸ ἄδηλον ἀποκρύπτων κλέπτοις ἂν τοὺς ἱππέας· ἢν δὲ πᾶν καταφανὲς ᾖ τὸ χωρίον, δεκάδας χρὴ στοιχούσας ποιήσαντα διαλειπούσας παράγειν, καὶ τοὺς μὲν πρὸς τῶν πολεμίων ἱππέας ἑκάστης δεκάδος ὀρθὰ τὰ δόρατα ἔχειν, τοὺς δ' ἄλλους ταπεινὰ καὶ μὴ ὑπερφανῆ. (8) φοβεῖν γε μὴν τοὺς πολεμίους καὶ ψευδενέδρας οἷόν τε καὶ ψευδοβοηθείας καὶ ψευδαγγελίας ποιοῦντα. θαρσοῦσι δὲ μάλιστα πολέμιοι, ὅταν ὄντα τοῖς ἐναντίοις πράγματα καὶ ἀσχολίας πυνθάνωνται.

(9) τούτων δὲ γεγραμμένων μηχανᾶσθαι αὐτὸν χρὴ πρὸς τὸ παρὸν ἀεὶ ἀπατᾶν· ὄντως γὰρ οὐδὲν κερδαλεώτερον ἀπάτης ἐν πολέμῳ. (10) ὁπότε γὰρ καὶ οἱ παῖδες, ὅταν παίζωσι ποσίνδα, δύνανται ἀπατᾶν προΐσχοντες ὥστε ὀλίγους τ' ἔχοντες πολλοὺς δοκεῖν ἔχειν καὶ πολλοὺς προέχοντες ὀλίγους φαίνεσθαι ἔχειν, πῶς οὐκ ἄνδρες γε τῷ ἐξαπατᾶν προσέχοντες τὸν νοῦν δύναιντ' ἂν τοιαῦτα μηχανᾶσθαι; (11) καὶ ἐνθυμούμενος δ' ἂν τὰ ἐν τοῖς πολέμοις πλεονεκτήματα εὕροι ἄν τις τὰ πλεῖστα καὶ μέγιστα σὺν ἀπάτῃ γεγενημένα. ὧν ἕνεκα ἢ οὐκ ἐγχειρητέον ἄρχειν

nen; sind sie aber zerstreut, kann man sie leicht zählen. (6) Ferner wird einem die Reiterei zahlreicher erscheinen, als sie wirklich ist, wenn man die Reitknechte mitten unter die Reiter stellt, besonders, wenn sie Speere haben. Haben sie keine, sollten sie etwas den Speeren Ähnliches bei sich führen. So kann man dann seine Reiterei aufgestellt den Feinden zeigen oder sie vor ihnen vorbeiführen. Es ist ja notwendig, dass die Masse der Abteilung auf diese Weise größer und dichter erscheint.

(7) Will man aber umgekehrt, dass viele wenige zu sein scheinen, kann man, wenn es zum Verstecken taugliche Plätze gibt, selbstverständlich hier einen Teil seiner Reiter verbergen. Wenn sich aber der ganze Platz übersehen lässt, muss man die *Dekadai*[T] nebeneinander rücken lassen und sie in die Zwischenräume in ein Glied stellen, und die im Angesicht der Feinde stehenden Reiter jeder *Dekas*[T] müssen ihre Speere aufrecht, die anderen aber niedrig halten, damit sie oben nicht herausragen. (8) Man kann auch den Feind erschrecken, wenn man einen fingierten Hinterhalt, angebliche Hilfe und falsche Botschaften erfindet. Die Feinde sind aber am zuversichtlichsten, wenn sie erfahren, dass ihre Gegner in Verlegenheit sind und die Hände nicht frei haben.

(9) Nachdem dies nun beschrieben ist, muss man sich auch selbst Kriegslisten ausdenken. In der Tat ist nämlich nichts gewinnbringender im Krieg als gute Täuschungen. (10) Sogar die Kinder beim *posinda*-Spiel[G] können ja täuschen: Sie halten ihre Hände einmal so vor, als ob sie viel haben, dann wieder so, dass es scheint, sie hätten nur wenig in der Hand. Wie sollten also Männer, wenn sie sich Mühe geben, sich nicht auch selbst etwas ausdenken können, um zu täuschen? (11) Wenn man die im Krieg errungenen Vorteile betrachtet, wird man erkennen, dass die meisten und größten mittels Täuschung errungen wurden.

ἢ τοῦτο σὺν τῇ ἄλλῃ παρασκευῇ καὶ παρὰ θεῶν αἰτητέον δύνασθαι ποιεῖν καὶ αὐτῷ μηχανητέον. (12) οἷς δὲ θάλαττα πρόσεστιν, ἀπατητικὸν καὶ τὸ πλοῖα παρασκευαζόμενον πεζῇ τι πρᾶξαι καὶ τὸ πεζῇ προσποιούμενον ἐπιβουλεύειν κατὰ θάλατταν ἐπιχειρῆσαι.

(13) ἱππαρχικὸν δὲ καὶ τὸ διδάσκειν τὴν πόλιν ὡς ἀσθενὲς τὸ πεζῶν ἔρημον ἱππικὸν πρὸς τὸ ἁμίππους πεζοὺς ἔχον. ἱππαρχικὸν δὲ καὶ τὸ λαβόντα πεζοὺς αὐτοῖς χρῆσθαι· ἔστι δὲ πεζοὺς οὐ μόνον ἐντὸς ἀλλὰ καὶ ὄπισθεν ἱππέων ἀποκρύψασθαι· πολὺ γὰρ μείζων ὁ ἱππεὺς τοῦ πεζοῦ. (14) ταῦτα δὲ πάντα ἐγὼ καὶ ὅσα πρὸς τούτοις τις μηχανήσεται ἢ βίᾳ ἢ τέχνῃ αἱρεῖν τοὺς ἐναντίους βουλόμενος σὺν τῷ θεῷ πράττειν συμβουλεύω, ἵνα καὶ ἡ τύχη συνεπαινῇ θεῶν ἵλεων ὄντων. (15) ἔστι δ᾽ ὅτε πάνυ ἀπατητικὸν καὶ τὸ λίαν φυλακτικὸν προσποιήσασθαι εἶναι καὶ μηδαμῶς φιλοκίνδυνον· τοῦτο γὰρ τοὺς πολεμίους πολλάκις προάγεται ἀφυλακτοῦντας μᾶλλον ἁμαρτάνειν. ἢν δ᾽ ἅπαξ δόξῃ τις φιλοκίνδυνος εἶναι, ἔξεστι καὶ ἡσυχίαν ἔχοντα, προσποιούμενον δὲ πράξειν τι, πράγματα παρέχειν τοῖς πολεμίοις.

6 (1) ἀλλὰ γὰρ οὐδὲν ἄν τις δύναιτο πλάσαι οἷον βούλεται, εἰ μὴ ἐξ ὧν γε πλάττοιτο παρεσκευασμένα εἴη ὡς πείθεσθαι τῇ τοῦ χειροτέχνου γνώμῃ· οὐδέ γ᾽ ἂν ἐξ ἀνδρῶν, εἰ μὴ σὺν θεῷ οὕτω παρεσκευασμένοι ἔσονται ὡς φιλικῶς τε ἔχειν πρὸς τὸν ἄρχοντα καὶ φρονιμώτερον σφῶν αὐτὸν ἡγεῖσθαι περὶ τῶν πρὸς τοὺς πολεμίους ἀγώνων.

Deshalb darf man entweder die Führungsrolle nicht annehmen oder sollte die Götter bitten, einem außer der sonstigen Ausrüstung auch die Gaben zu verleihen, die dafür nötig sind. (12) Auch die Küstenbewohner verfügen über ein Täuschungsmittel, zum einen, indem sie Schiffe ausrüsten, aber zu Land etwas durchführen, zum anderen, in dem sie so tun, als würden sie zu Land Vorbereitungen treffen, dann aber doch zur See angreifen.

(13) Ein *Hipparchos*[R] sollte auch der *Polis* gegenüber darauf drängen, dass seiner Reiterei auch *Hamippoi*[T] (Fußsoldaten, die Reiter begleiten) beigegeben werden. Wenn er solche Fußsoldaten bekommen hat, soll er sie auch einsetzen. Man kann die Fußsoldaten nicht nur zwischen, sondern auch hinter den Pferden verstecken, denn der Reiter ist ja viel größer als der Fußsoldat. (14) Alles, was man tun mag, um die Gegner mit Gewalt oder List zu überwältigen, sollte man, so rate ich, mit göttlicher Hilfe unternehmen, damit man auch das Glück mit lobe, wenn die Götter gnädig sind. (15) Manchmal ist es auch ein wirksames Mittel zu täuschen, wenn man sich zu vorsichtig und ganz kampfunlustig gibt, denn dadurch werden die Feinde oft zur Unvorsichtigkeit verleitet. Wenn man aber einmal als risikobereit gilt, kann man, auch wenn man sich ruhig verhält, sich dabei aber so stellt, als werde man etwas ausführen, den Feinden zu schaffen machen.

Befehl und Gehorsam

6 (1) Nun kann aber niemand etwas so formen, wie er will, wenn nicht der Stoff, aus dem es gebildet werden soll, so beschaffen ist, dass er sich dem Willen des Handwerkers fügt. Das gilt auch bei Männern, wenn sie nicht mit göttlicher Hilfe so beschaffen sind, dass sie ihrem Befehlshaber gegenüber voll Liebe und Vertrauen sind und die Überzeugung besitzen, dass er klüger und verständiger als sie ist, besonders im Kampf gegen die Feinde.

(2) εὐνοϊκῶς μὲν οὖν ἔχειν καὶ ἐκ τῶνδε εἰκὸς τοὺς ἀρχομένους, ὅταν φιλοφρόνως τε ἔχῃ πρὸς αὐτοὺς καὶ προνοῶν φαίνηται ὅπως τε σῖτον ἕξουσι καὶ ὅπως ἀσφαλῶς μὲν ἀποχωρήσουσι, πεφυλαγμένως δὲ ἀναπαύσονται. (3) ἐν δὲ ταῖς φρουραῖς χρὴ καὶ χιλοῦ καὶ σκηνῶν καὶ ὕδατος καὶ φρυγάνων καὶ τῶν ἄλλων ἐπιτηδείων φανερὸν εἶναι ἐπιμελόμενον καὶ προνοοῦντά τε καὶ ἀγρυπνοῦντα ἕνεκα τῶν ἀρχομένων. καὶ ὅταν γε πλέον ἔχῃ τι, τὸ μεταδοῦναι κερδαλέον τῷ προεστηκότι.

(4) ἥκιστα δ' ἂν καταφρονοῖεν ἄρχοντος, ὡς μὲν συνελόντι εἰπεῖν, εἰ ὁπόσα ἐκείνοις παραινοίη, αὐτὸς ταῦτα βέλτιον ἐκείνων φαίνοιτο ποιῶν. (5) ἀρξάμενον οὖν δεῖ ἀπὸ τοῦ ἀναβαίνειν ἐπὶ τοὺς ἵππους πάντα τὰ ἐν ἱππικῇ μελετᾶν, ὅπως ὁρῶσι τὸν ἄρχοντα δυνάμενον ἐπὶ τοῦ ἵππου καὶ τάφρους ἀσφαλῶς περᾶν καὶ τειχία ὑπερακρίζειν καὶ ἀπ' ὄχθων κατορούειν καὶ ἀκοντίζειν ἱκανῶς· πάντα γὰρ ταῦτα προκόπτει τι εἰς τὸ μὴ καταφρονεῖσθαι. (6) ἢν δὲ δὴ καὶ τάττειν γνῶσιν ἐπιστάμενόν τε καὶ δυνάμενον παρασκευάζειν ὡς ἂν πλέον ἔχοιεν τῶν πολεμίων, πρὸς δὲ τούτοις κἀκεῖνο λάβωσιν εἰς τὴν γνώμην, ὡς οὔτ' ἂν εἰκῇ οὔτ' ἄνευ θεῶν οὔτε παρὰ τὰ ἱερὰ ἡγήσαιτ' ἂν ἐπὶ πολεμίους, πάντα ταῦτα πιθανωτέρους τῷ ἄρχοντι τοὺς ἀρχομένους ποιεῖ.

7 (1) παντὶ μὲν οὖν προσήκει ἄρχοντι φρονίμῳ εἶναι· πολὺ μέντοι τὸν Ἀθηναίων ἵππαρχον διαφέρειν δεῖ καὶ τῷ τοὺς θεοὺς θεραπεύειν καὶ τῷ πολεμικὸν εἶναι, ᾧ γε ὑπάρχουσι μὲν ὅμοροι ἀντίπαλοι ἱππεῖς τε παραπλήσιοι τὸ πλῆθος καὶ ὁπλῖται πολλοί. (2) κἂν μὲν εἰς τὴν πολεμίαν ἐμβάλλειν ἐπιχειρῇ ἄνευ τῆς ἄλλης πόλεως, πρὸς ἀμφοτέρους τούτους μόνοις ἂν τοῖς ἱππεῦσι

(2) Guten Willens werden die Untergebenen erwartungsgemäß schon allein dadurch, dass der Befehlshaber sich ihnen gegenüber fürsorglich verhält und sichtbar dafür sorgt, dass sie Verpflegung haben sowie sicher abziehen und gut bewacht ausruhen können. (3) In den Feldlagern muss er sichtbar für Grünfutter, Zelte, Wasser und Feuerholz und all die anderen Bedürfnisse vorausschauend und rastlos zugunsten der Untergebenen sorgen. Wenn er etwas reichlich hat, ist es für den, der an der Spitze steht, angebracht, es an andere weiterzugeben.

(4) Am wenigsten aber werden sie den Befehlshaber geringschätzen – um es kurz zu sagen –, wenn er selbst alles, was er von den Leuten verlangt, besser machen kann als sie. (5) Er muss also vom Aufsitzen[P] an alles in der Reitkunst üben, damit sie sehen, dass ihr Befehlshaber in der Lage ist, sicher über Gräben zu springen, kleine Verschanzungen zu erklimmen, von Anhöhen herunterzureiten und geschickt den Wurfspeer zu schleudern. All das trägt ja dazu bei, dass er nicht geringgeschätzt wird. (6) Wenn die Leute ferner auch sehen, dass er Entschlusskraft besitzt und es so einzurichten versteht, dass sie den Feinden gegenüber im Vorteil bleiben, wenn sie dann noch die Erfahrung machen, dass er sie weder ohne Plan noch ohne göttliche Hilfe, auch nicht gegen die Opferzeichen, an den Feind führt, macht das alles die Untergebenen den Befehlshabern gehorsamer.

Einfall von Feinden

7 (1) Es sollte nun zwar jeder Befehlshaber besonnen sein, der *Hipparchos*[R] der Athener aber muss darin doch alle übertreffen, sowohl durch Verehrung der Götter als auch durch Erfahrung im Kriegswesen, da seine Nachbarn (die Boiotier[J]), seine Feinde, über Reiter verfügen, deren Menge beinahe gleich ist, und über viele Hopliten[X]. (2) Wenn er einen Einfall ins feindliche Land ohne die sonstige *Polis* (also ohne die Bürger, die als Hopliten zu

διακινδυνεύοι. ἢν δ' οἱ πολέμιοι εἰς τὴν Ἀθηναίων χώραν ἐμβάλωσι, πρῶτον μὲν οὐκ ἂν ἄλλως ἔλθοιεν εἰ μὴ σὺν ἄλλοις τε ἱππεῦσι πρὸς τοῖς ἑαυτῶν καὶ πρὸς τούτοις ὁπλίταις ὁπόσοις ἂν οἴωνται πάντας Ἀθηναίους μὴ ἱκανοὺς εἶναι μάχεσθαι.

(3) πρὸς οὖν τοσούτους πολεμίους ἢν μὲν ἡ πόλις πᾶσα ἐπεξίῃ ἀρήξουσα τῇ χώρᾳ, ἐλπίδες καλαί. ἱππεῖς τε γὰρ σὺν θεῷ ἀμείνους, ἤν τις αὐτῶν ἐπιμελῆται ὡς δεῖ, ὁπλῖταί τε οὐ μείους ἔσονται καὶ τὰ σώματα τοίνυν οὐ χείρω ἔχοντες καὶ τὰς ψυχὰς φιλοτιμότεροι, ἢν ὀρθῶς ἀσκηθῶσι σὺν θεῷ. καὶ μὴν ἐπί γε τοῖς προγόνοις οὐ μεῖον Ἀθηναῖοι ἢ Βοιωτοὶ φρονοῦσιν. (4) ἢν δὲ ἡ μὲν πόλις τρέπηται ἐπὶ τὰ ναυτικὰ καὶ ἀρκῇ αὐτῇ τὰ τείχη διασῴζειν, ὥσπερ καὶ ὁπότε Λακεδαιμόνιοι σὺν ἅπασι τοῖς Ἕλλησιν ἐνέβαλον, τοὺς δὲ ἱππέας ἀξιώσῃ τά τε ἐκτὸς τοῦ τείχους διασῴζειν καὶ αὐτοὺς μόνους διακινδυνεύειν πρὸς πάντας τοὺς ἐναντίους, ἐνταῦθα δὴ θεῶν μὲν οἶμαι πρῶτον συμμάχων ἰσχυρῶν δεῖ, ἔπειτα δὲ καὶ τὸν ἵππαρχον προσήκει ἀποτετελεσμένον ἄνδρα εἶναι. καὶ γὰρ φρονήσεως δεῖ πολλῆς πρὸς τοὺς πολὺ πλείους καὶ τόλμης, ὁπότε καιρὸς παραπέσοι·

(5) δεῖ δέ, ὡς ἐμοὶ δοκεῖ, καὶ αὐτὸν προνοεῖν ἱκανὸν εἶναι. πρὸς μὲν γὰρ τὸ παρὸν στράτευμα διακινδυνεύων, ᾧ μηδὲ ὅλη ἡ πόλις θέλοι ἀντικαθίστασθαι, δῆλον ὅτι πάσχοι ἂν ὅ τι οἱ κρείττους βούλοιντο, ποιεῖν δὲ οὐδὲν ἂν ἱκανὸς εἴη, (6) εἰ δὲ φυλάττοι μὲν τὰ ἔξω τείχους τοσούτοις ὅσοι σκοπεύειν τε τοὺς πολεμίους ἱκανοὶ ἔσονται καὶ ἀναχωρίζειν εἰς τὸ ἀσφαλὲς τὰ δεόμενα ὡς

Fuß dienen) unternimmt, wird er es gegen beide (Reiter und Hopliten) allein mit seinen Reitern wagen müssen. Wenn aber die Feinde ins Land der Athener einfallen, werden sie zuerst nicht anders ankommen, als mit noch weiteren außer den eigenen Reitern und zudem noch mit so vielen Hopliten, damit ihrer Meinung nach alle Athener nicht ausreichen, um gegen sie zu kämpfen.

(3) Wenn nun gegen so viele Feinde die ganze *Polis* auszieht, um das Land zu schützen, gibt es schöne Hoffnungen. Die Reiter werden nämlich mit göttlicher Hilfe besser, wenn man sie betreut, wie es sich gehört, und die Hopliten[X] nicht schlechter sein, die ja nicht nur keine schwächeren Körper haben, sondern auch dem Charakter nach weit ehrliebender sind, wenn sie mit göttlicher Hilfe gut geübt werden. Auf ihre Vorfahren sind die Athener auch nicht weniger stolz als die Boiotier[J]!(4) Wenn die *Polis* ihre Zuflucht zur Flotte nimmt und es ihr genügt, nur die Mauern zu retten wie damals (im Peloponnesischen Krieg), als die Lakedaimonier mit allen Griechen einfielen,[J] wenn aber von den Reitern verlangt wird, dass sie das außerhalb der Mauer Befindliche retten und es allein mit allen Feinden aufnehmen sollen, braucht man doch – wie ich meine – zuerst Götter als kräftige Mitstreiter, doch muss auch der *Hipparchos*[R] ein vollkommen tüchtiger Mann sein. Er hat nämlich große Klugheit nötig, um gegen die weit Stärkeren mit Kühnheit im richtigen Augenblick vorzugehen.

(5) Er muss, wie mir scheint, auch selbst vorauszuschauen in der Lage sein. Wenn er es nämlich mit dem (feindlichen) Heer aufnimmt, dem sich nicht einmal die ganze *Polis* entgegenstellen wollte, ist es offenkundig, dass er alles hinnehmen müsste, was die Stärkeren wollen, ihnen aber nichts anzutun in der Lage wäre. (6) Wenn er aber das außerhalb der Mauer Befindliche mit so vielen Leuten bewacht, wie ausreichen, um die Feinde zu beobachten und alles, was an Vorräten da ist, so weit wie möglich

ἐκ πλείστου – ἱκανοὶ δὲ καὶ προορᾶν οὐδὲν ἧττον οἱ ὀλίγοι τῶν πολλῶν – καὶ φυλάττειν τοίνυν καὶ ἀναχωρίζειν τὰ φίλια οὐκ ἀκαιρότεροι οἱ μήτε αὐτοῖς μήτε τοῖς ἵπποις πιστεύοντες· (7) ὁ γὰρ φόβος δεινὸς δοκεῖ συμφύλαξ εἶναι – τοὺς μὲν οὖν φύλακας ἐκ τούτων ἄν τις ποιῶν ἴσως ὀρθῶς βουλεύοιτο· τοὺς δὲ περιττοὺς τῆς φυλακῆς εἰ μέν τις στρατιὰν ἔχειν ἡγήσεται, ὀλίγη αὐτῷ φανεῖται· τοῦ παντὸς γὰρ ἐνδεήσεται ὥστε ἐκ τοῦ ἐμφανοῦς διακινδυνεύειν· ἢν δὲ ὡς λῃσταῖς αὐτοῖς χρῆται, πάνυ ἂν ὡς τὸ εἰκὸς ἱκανὴν τοῦτο πράττειν ἔχοι δύναμιν.

(8) δεῖ δέ, ὡς ἐμοὶ δοκεῖ, τούτους παρεσκευασμένους ἀεὶ ἔχοντα ὡς ποιεῖν τι μὴ καταφανῆ ὄντα φυλάττειν, ἤν τι ἁμαρτάνῃ τὸ τῶν πολεμίων στράτευμα. (9) φιλοῦσι δέ πως στρατιῶται, ὅσῳ ἂν πλείους ὦσι, τοσούτῳ πλείω ἁμαρτάνειν. ἢ γὰρ ἐπὶ τὰ ἐπιτήδεια ἐπιμελείᾳ σκεδάννυνται ἢ πορευομένων ἀταξίᾳ οἱ μὲν προέρχονται, οἱ δ' ὑπολείπονται πλέον τοῦ καιροῦ. (10) τὰ οὖν τοιαῦτα ἁμαρτήματα οὐ χρὴ παριέναι ἀκόλαστα – εἰ δὲ μή, ὅλη ἡ χώρα στρατόπεδον ἔσται – ἐκεῖνο καλῶς προνοοῦντα, καὶ ποιήσαντά τι φθάσαι ἀποχωρήσαντα πρὶν τὸ πολὺ βοηθοῦν ἐπιγενέσθαι.

(11) πολλάκις δὲ πορευόμενον στράτευμα καὶ εἰς ὁδοὺς ἔρχεται ἐν αἷς οὐδὲν πλέον οἱ πολλοὶ τῶν ὀλίγων δύνανται. καὶ ἐν διαβάσεσί γε ἔστι τῷ προσέχοντι τὸν νοῦν ἀσφαλῶς ἐφεπομένῳ ταμιεύσασθαι ὥστε ὁπόσοις ἂν βούληται τῶν πολεμίων ἐπιτίθεσθαι. (12) ἔστι δ' ὅτε καλὸν καὶ στρατοπεδευομένοις καὶ ἀριστῶσι καὶ δειπνοποιουμένοις ἐπιχειρεῖν, καὶ ἐκ κοίτης γε

in Sicherheit zu bringen – für das Ausschauhalten sind wenige genauso geeignet wie viele – und auch das Eigentum der Freunde zu schützen oder heimzubringen, dann sind ja diejenigen im Nachteil, die weder sich selbst noch ihren Pferden vertrauen können. (7) Die Furcht gilt nämlich als ein gewaltiger Mitwächter. Wenn nun einer aus diesen Leuten die Wächter wegnähme, würde er vielleicht eine richtige Wahl treffen. Wenn aber einer aus den Leuten, die von der Wache übrig bleiben, ein Heer zu haben glaubt, wird dieses nur recht klein sein: Er bräuchte ja alle Leute, um in offener Schlacht den Kampf zu wagen. Wenn er sie aber als Plünderer gebraucht, wird er erwartungsgemäß eine ausreichende Macht haben, um dies zu tun.

(8) Er muss aber, wie mir scheint, seine Leute immer gerüstet haben, um etwas durchführen zu können, ohne dass man sieht, dass er wachsam ist, wenn das Heer der Feinde einen Fehler machen sollte. (9) Soldaten pflegen ja, je zahlreicher sie sind, umso eher auf irgendeine Art Fehler zu machen, denn entweder zerstreuen sie sich absichtlich, um sich zu versorgen, oder, wenn sie einen Ortswechsel vornehmen, gehen die einen aus Unordnung voraus, andere bleiben aber zu weit zurück. (10) Solche Fehler aber darf er nicht ungestraft durchgehen lassen – straft er sie nicht, wird bald das ganze Land besetzt werden –, sondern muss im Voraus bedenken, wenn er etwas ausführt, sich schon vorher zurückzuziehen, bevor die Hauptmacht des Feindes erscheint.

(11) Oft kommt ein Heer auf dem Marsch auch auf Wege, auf denen viele ebenso wenig ausrichten wie wenige. Auch beim Übergang (über Flüsse und Berge) ist es dem Aufmerksamen möglich, es mit Sicherheit so einzurichten, dass er so viele Feinde angreifen kann, wie er will. (12) Manchmal bietet sich auch eine gute Gelegenheit, den Feind anzugreifen, wenn er ein Lager aufschlägt oder gerade das Frühstück[K] oder die Hauptmahlzeit[K] einnimmt

ἀνισταμένοις. ἐν πᾶσι γὰρ τούτοις ἄοπλοι στρατιῶται γίγνονται, μείονα μὲν χρόνον οἱ ὁπλῖται, πλείονα δὲ οἱ ἱππεῖς. (13) σκοποῖς μέντοι καὶ προφυλακαῖς οὐδέποτε δεῖ παύεσθαι ἐπιβουλεύοντα. οὗτοι γὰρ αὖ ὀλίγοι μὲν ἀεὶ καθίστανται, πολὺ δὲ τοῦ ἰσχυροῦ ἐνίοτε ἀποστατοῦσιν. (14) ὅταν δὲ τὰ τοιαῦτα ἤδη καλῶς φυλάττωνται οἱ πολέμιοι, καλόν ἐστι σὺν θεῷ λαθόντα ἐλθεῖν εἰς τὴν πολεμίαν μεμελετηκότα ὡς <…> πόσοι τε ἑκασταχοῦ καὶ ποῦ τῆς χώρας προφυλάττουσιν. οὐδεμία γὰρ οὕτω καλὴ λεία ὡς αἱ φυλακαί, ἢν κρατηθῶσι. (15) καὶ εὐεξαπάτητοι δ' εἰσὶν οἱ φύλακες· διώκουσι γὰρ ὅ τι ἂν ὀλίγον ἴδωσι, νομίζοντες σφίσι τοῦτο προστετάχθαι. τὰς μέντοι ἀποχωρήσεις σκοπεῖν δεῖ ὅπως μὴ ἐναντίαι τοῖς βοηθοῦσιν ἔσονται.

8 (1) τοὺς μέντοι μέλλοντας δυνήσεσθαι ἀσφαλῶς τὸ πολὺ κρεῖττον στράτευμα κακουργεῖν σαφῶς δεῖ τοσοῦτον διαφέρειν ὥστε αὐτοὺς μὲν ἀσκητὰς φαίνεσθαι τῶν πολεμικῶν ἐν ἱππικῇ ἔργων, τοὺς δὲ πολεμίους ἰδιώτας. (2) τοῦτο δ' ἂν εἴη πρῶτον μὲν εἰ οἱ λῄζεσθαι μέλλοντες ἐκπεπονημένοι εἶεν τῇ ἐλάσει, ὥστε δύνασθαι στρατιωτικοὺς πόνους ὑποφέρειν· οἱ γὰρ πρὸς ταῦτα ἀμελῶς ἔχοντες καὶ ἵπποι καὶ ἄνδρες εἰκότως ἂν ὥσπερ γυναῖκες πρὸς ἄνδρας ἀγωνίζοιντο. (3) οἱ δέ γε δεδιδαγμένοι τε καὶ εἰθισμένοι τάφρους διαπηδᾶν καὶ τειχία ὑπεραίρειν καὶ ἐπ' ὄχθους ἀνάλλεσθαι καὶ ἀφ' ὑψηλῶν ἀσφαλῶς κατιέναι καὶ τὰ κατάντη ταχὺ ἐλαύνεσθαι, οὗτοι δ' αὖ τοσοῦτον διαφέροιεν ἂν τῶν ἀμελετήτων ταῦτα ὅσονπερ πτηνοὶ πεζῶν· οἱ δέ γε αὖ τοὺς πόδας ἐκπεπονημένοι τῶν ἀτριβῶν πρὸς τραχέα ὅσονπερ ὑγιεῖς χωλῶν· καὶ οἵ γε τῶν τόπων ἔμπειροι πρὸς τοὺς ἀπείρους

oder wenn er gerade vom Schlafen aufsteht. Bei allen diesen Gelegenheiten sind die Soldaten unbewaffnet, die Hopliten[X] für kürzere Zeit, die Reiter länger. (13) Den Kundschaftern und den Vorposten muss der Befehlshaber unablässig nachspüren, denn diese werden auch wieder in kleiner Zahl aufgestellt und sind manchmal weit vom Hauptheer entfernt. (14) Auch wenn die Feinde sich darin wohl schon in Acht zu nehmen verstehen, sollte man doch mit göttlicher Hilfe heimlich in Feindesland kommen, wohl erwägend, wie <…> wie viele jeweils im Land verteilt sein können. Keine Beute ist ja so reich, wie wenn man die Wachposten überwinden kann. (15) Auch sind die Wachposten leicht zu täuschen, denn sie verfolgen alles, selbst wenn sie es nur in geringer Anzahl erblicken, da sie glauben, dies tun zu müssen. Jedoch muss der Befehlshaber aufpassen, dass sein Rückzug nicht in die Richtung geschieht, aus der jenen Hilfe zukommen kann.

Eigener Angriff

8 (1) Diejenigen, die einem viel stärkeren Heer mit Aussicht auf Erfolg Schaden zufügen wollen, müssen sich offenbar dadurch auszeichnen, dass sie als Meister einer Kriegführung mit Reiterei erscheinen, die Feinde dagegen als Stümper. (2) Dies wird dann der Fall sein, wenn sie, um Beute zu machen, im Reiten so abgehärtet sind, dass sie jegliche Kriegsstrapazen ertragen können. Diejenigen nämlich, die in dieser Hinsicht ungeübt sind – Männer ebenso wie Pferde –, werden erwartungsgemäß wie Frauen gegen Männer kämpfen. (3) Die Pferde aber, die zugeritten und daran gewöhnt sind, über Gräben zu setzen, über kleine Verschanzungen zu klettern, Anhöhen zu erklimmen, von Berghöhen mit Sicherheit wieder hinab zu gelangen und auf abschüssigem Boden schnell zu laufen, solche Pferde werden sich vor darin ungeübten so sehr auszeichnen wie geflügelte vor solchen, die zu Fuß gehen. An den Füßen Abgehärtete wiederum erscheinen vor den auf rauem Boden Ungeübten wie Gesunde vor Lahmen. Und

τοσοῦτον ἐν ταῖς προελάσεσι καὶ ἀποχωρήσεσι διαφέροιεν ἂν ὅσονπερ οἱ ὁρῶντες τῶν τυφλῶν.

(4) καὶ τοῦτο δὲ χρὴ εἰδέναι, ὅτι οἱ εὐωχούμενοι μὲν οἱ ἵπποι, μὴ ἐκπεπονημένοι δὲ ὥστε μὴ ἀποπνίγεσθαι ἐν τοῖς πόνοις, εὖ παρεσκευασμένοι εἰσί. χρὴ δέ, ἐπείπερ χαλινοὶ καὶ ἐφίππια ἐξ ἱμάντων ἠρτημένα ἐστί χρήσιμα, μήποτε τὸν ἵππαρχον τούτων ἔρημον εἶναι· μικρᾷ γὰρ δαπάνῃ τοὺς ἀποροῦντας χρησίμους ἂν παρέχοιτο.

(5) εἰ δέ τις νομίζοι πολλὰ ἔχειν ἂν πράγματα, εἰ οὕτω δεήσει ἀσκεῖν τὴν ἱππικήν, ἐνθυμηθήτω ὅτι οἱ εἰς τοὺς γυμνικοὺς ἀγῶνας ἀσκοῦντες πολὺ πλείω πράγματα καὶ χαλεπώτερα ἔχουσιν ἢ οἱ τὴν ἱππικὴν τὰ μάλιστα μελετῶντες. (6) καὶ γὰρ τῶν μὲν γυμνικῶν ἀσκημάτων τὰ πολλὰ σὺν ἱδρῶτι ἐκπονοῦνται, τῆς δὲ ἱππικῆς τὰ πλεῖστα μεθ᾽ ἡδονῆς. ὅπερ γὰρ εὔξαιτ᾽ ἄν τις πτηνὸς γενέσθαι, οὐκ ἔστιν ὅ τι μᾶλλον τῶν ἀνθρωπίνων ἔργων ἔοικεν αὐτῷ. (7) καὶ μὴν τό γ᾽ ἐν πολέμῳ νικᾶν πολλῷ ἐνδοξότερον ἢ πυγμῇ· μετέχει μὲν γάρ τι καὶ ἡ πόλις ταύτης τῆς δόξης· ὡς δὲ τὰ πολλὰ ἐπὶ τῇ τοῦ πολέμου νίκῃ καὶ εὐδαιμονίᾳ οἱ θεοὶ τὰς πόλεις στεφανοῦσιν, ὥστ᾽ οὐκ οἶδ᾽ ἔγωγε τί προσήκει ἄλλ᾽ ἄττα μᾶλλον ἀσκεῖσθαι ἢ τὰ πολεμικά.

(8) ἐννοεῖν δὲ χρὴ ὅτι καὶ οἱ κατὰ θάλατταν λῃσταὶ διὰ τὸ πονεῖν ἠσκηκέναι δύνανται ζῆν καὶ ἀπὸ τῶν πολὺ κρειττόνων. προσήκει γε μὴν καὶ κατὰ γῆν οὐ τοῖς καρπουμένοις τὰ ἑαυτῶν ἀλλὰ τοῖς στερισκομένοις τῆς τροφῆς λῄζεσθαι· ἢ γὰρ ἐργαστέον ἢ ἀπὸ τῶν εἰργασμένων θρεπτέον· ἄλλως δ᾽ οὐ ῥᾴδιον οὔτε βιοτεύειν

schließlich kann man Reiter, die sich in einer Gegend auskennen, und solche, die in der Gegend völlig unkundig sind, mit Sehenden und Blinden vergleichen.

(4) Man muss auch daran denken, dass gut gefütterte und abgehärtete Pferde nur in gutem Zustand sind, wenn sie bei den Anstrengungen nicht durch ein Zuviel überfordert werden. Auch darf man nie ohne einen Vorrat von Zaumzeug[Z], Auflagen[Z] und dazugehörigen Riemen sein, damit man denjenigen, denen (davon) etwas fehlt, nützen kann.

(5) Wenn man glaubt, es sei viel Mühe, sich in der Reitkunst so zu üben, sollte man doch bedenken, dass die Männer, die sich für die sportlichen Wettkämpfe vorbereiten, noch viel Anstrengenderes durchführen müssen als diejenigen, die sich besonders der Reitkunst widmen. (6) Von den sportlichen Übungen werden ja die meisten mit viel Schweiß und großen Anstrengungen ausgeführt; bei der Reitkunst geschieht das meiste hingegen mit Vergnügen. Würde sich jemand nämlich wünschen, fliegen zu können, gibt es nichts unter dem menschlichen Tun, was diesem näher käme als das Reiten! (7) Auch ist der Sieg im Krieg viel ruhmvoller als im Faustkampf. Es hat ja zwar auch die *Polis* an diesem Ruhm Ehre gewonnen, beim Sieg im Krieg aber krönen meistens die Götter die *Poleis* auch mit Glück, so dass jedenfalls ich nicht weiß, warum man etwas anderes eher treiben sollte als das Kriegswesen.

(8) Man muss zudem bedenken, dass auch die Seeräuber[J], weil sie gewohnt sind, Anstrengungen zu ertragen, sogar von weit Stärkeren ihre Beute gewinnen. Auf dem Land kommt das Plündern denen, die Besitz und Auskommen haben, nicht zu, sondern nur denen, die sich ihres Unterhalts beraubt sehen. Entweder muss man nämlich durch Arbeit seinen Unterhalt verdienen oder sich von denen ernähren, die gearbeitet haben; auf eine andere Art ist

οὔτε εἰρήνης τυχεῖν. (9) μεμνῆσθαι δὲ κἀκεῖνο χρή, μήποτε ἐπὶ τοὺς κρείττους ἐλαύνειν ὄπισθεν ἵπποις δύσβατα ποιούμενον· οὐ γὰρ ὅμοιον φεύγοντι καὶ διώκοντι σφαλῆναι.

(10) ἔτι δὲ βούλομαι ὑπομνῆσαι καὶ τόδε φυλάττεσθαι. εἰσὶ γάρ τινες οἵ, ὅταν μὲν ἴωσιν ἐπὶ τούτους ὧν ἂν οἴωνται κρείττους εἶναι, παντάπασιν ἀσθενεῖ δυνάμει ἔρχονται, ὥστε πολλάκις ἔπαθον ἃ ᾤοντο ποιήσειν· ὅταν δ' ἐπὶ τούτους ὧν ἂν σαφῶς ἐπίστωνται ἥττους ὄντες, πᾶσαν ὅσην ἂν ἔχωσι δύναμιν ἄγουσιν. (11) ἐγὼ δέ φημι χρῆναι τἀναντία τούτων ποιεῖν· ὅταν μὲν κρατήσειν οἰόμενος ἄγῃ, μὴ φείδεσθαι τῆς δυνάμεως ὅσην ἂν ἔχῃ· τὸ γὰρ πολὺ νικᾶν οὐδενὶ πώποτε μεταμέλειαν παρέσχεν· (12) ὅταν δὲ τοῖς πολὺ κρείττοσιν ἐπιχειρῇ καὶ προγιγνώσκῃ ὅτι ποιήσαντα ὅ τι ἂν δύνηται φευκτέον ἐστίν, εἰς τὰ τοιαῦτά φημι πολὺ κρεῖττον εἶναι ὀλίγους ἢ πάντας προσάγειν, τοὺς μέντοι ἀπειλεγμένους καὶ ἵππους καὶ ἄνδρας τοὺς κρατίστους. τοιοῦτοι γὰρ ὄντες καὶ ποιῆσαι ἄν τι καὶ ἀποχωρῆσαι ἀσφαλέστερον ἂν δύναιντο.

(13) ὅταν δὲ πρὸς τοὺς κρείττους πάντας προσαγαγὼν ἀποχωρεῖν βούληται, ἀνάγκη τοὺς μὲν ἐπὶ τῶν βραδυτάτων ἵππων ἁλίσκεσθαι, τοὺς δὲ καὶ δι' ἀφιππίαν πίπτειν, τοὺς δὲ διὰ δυσχωρίας ἀπολαμβάνεσθαι· καὶ γὰρ πολὺν τόπον χαλεπὸν εὑρεῖν οἷον ἄν τις εὔξαιτο. (14) ὑπό γε μὴν τοῦ πλήθους

es nicht leicht, zu leben oder Frieden zu haben. (9) Auch daran soll man denken, niemals gegen Mächtigere zu reiten oder im Rücken eine für Pferde unwegsame Gegend zurückzulassen. Es ist nämlich nicht vergleichbar, ob man beim Fliehen oder beim Verfolgen vom Pferd fällt!

(10) Ich will noch als Memorandum[X] empfehlen, sich auch vor Folgendem zu hüten: Es gibt ja Leute, die, wenn sie sich überlegen glauben, mit so schwacher Streitmacht anmarschieren, dass sie dann oft (vom Feind) das einstecken müssen, was sie ihm zugedacht haben. Oder es gibt Leute, die zwar wissen, dass sie dem Gegner nicht gewachsen sind, aber doch mit ihrer ganzen Macht gegen ihn ausrücken. (11) Ich aber sage: In beiden Fällen muss man gerade das Gegenteil davon tun. Wenn man nämlich glaubt, dass man die Oberhand erringen wird, und dann ausrückt, sollte man die ganze Macht, die man hat, nicht schonen; einen klaren Sieg davonzutragen hat ja noch keinen gereut. (12) Wenn man aber die weit Stärkeren angreift und voraussieht, dass man, nachdem man getan hat, was man konnte, trotzdem fliehen muss, ist es für solche Fälle, sage ich, entschieden besser, wenn man nicht alle gegen den Feind geführt hat. Doch sollten es immer die besten Männer und Pferde sein, die man bei sich hat. Wenn sie nämlich die besten sind, werden sie stets etwas Wirksames vollbringen und sich auch mit größerer Sicherheit wieder zurückziehen können.

(13) Wenn man aber gegen die Stärkeren seine ganze Streitmacht führt und sich dann doch zurückziehen muss, werden mit Sicherheit die Reiter auf den langsamsten Pferden in Gefangenschaft geraten, andere wegen ihrer Ungeschicklichkeit im Reiten herunterfallen oder wegen ungünstiger Bodenverhältnisse abgeschnitten werden. Einen großen Platz, wie man ihn sich wünscht, wird man nämlich nur schwer finden. (14) Die zurückflutende Masse

καὶ συμπίπτοιεν ἂν καὶ ἐμποδίζοντες πολλὰ ἂν ἀλλήλους κακουργοῖεν. οἱ δ' ἀγαθοὶ ἵπποι καὶ ἱππεῖς δυνατοὶ καὶ ἐξ† αὐτῶν διαφεύγειν ἄλλως τε ἂν καὶ μηχανᾶταί τις τοῖς διώκουσι φόβον ἀπὸ τῶν περιττῶν ἱππέων.

(15) σύμφορον δ' εἰς τοῦτο καὶ αἱ ψευδενέδραι· χρήσιμον δὲ κἀκεῖνο, τὸ εὑρίσκειν πόθεν ἂν οἱ φίλοι ἐξ ἀσφαλοῦς ἐπιφαινόμενοι βραδυτέρους τοὺς διώκοντας παρέχοιεν. (16) ἀλλὰ μὴν καὶ τόδε δῆλον, ὡς πόνοις καὶ τάχει οἱ ὀλίγοι τῶν πολλῶν πολὺ μᾶλλον ἢ οἱ πολλοὶ τῶν ὀλίγων περιγίγνοιντ' ἄν. καὶ οὐ λέγω ὡς διὰ τὸ ὀλίγοι εἶναι καὶ πονεῖν μᾶλλον δυνήσονται καὶ θάττους ἔσονται, ἀλλ' ὅτι ῥᾷον εὑρεῖν ὀλίγους ἢ πολλοὺς τοὺς καὶ τῶν ἵππων ἐπιμελησομένους ὡς δεῖ καὶ αὐτοὺς φρονίμως μελετήσοντας τὴν ἱππικήν.

(17) ἢν δέ ποτε συμβαίνῃ ἀγωνίζεσθαι πρὸς παραπλησίους ἱππέας, ἐγὼ μὲν οἶμαι οὐκ ἂν χεῖρον εἶναι εἴ τις δύο τάξεις ἐκ τῆς φυλῆς ποιήσειεν, καὶ τῆς μὲν ὁ φύλαρχος ἡγοῖτο, τῆς δὲ ἄλλης ὅστις ἄριστος δοκοίη εἶναι, (18) οὗτος δὲ τέως μὲν ἕποιτο κατ' οὐρὰν τῆς μετὰ τοῦ φυλάρχου τάξεως, ἐπεὶ δ' ἐγγὺς ἤδη εἶεν οἱ ἀντίπαλοι, ἀπὸ παραγγέλσεως παρελαύνοι ἐπὶ τοὺς πολεμίους. οὕτω γὰρ οἶμαι καὶ ἐκπληκτικωτέρους τοῖς ἐχθροῖς ἂν εἶναι καὶ δυσμαχωτέρους. (19) εἰ δὲ καὶ πεζοὺς ἔχοιεν ἑκάτεροι, καὶ οὗτοι ἀποκεκρυμμένοι ὄπισθεν τῶν ἱππέων, ἐξαπίνης δὲ παραφαινόμενοι καὶ ὁμόσε ἰόντες δοκοῦσιν ἄν μοι τὴν νίκην πολὺ μᾶλλον κατεργάζεσθαι. ὁρῶ γὰρ τὰ παράδοξα ἢν μὲν ἀγαθὰ ᾖ, μᾶλλον εὐφραίνοντα τοὺς ἀνθρώπους, ἢν δὲ δεινά, μᾶλλον ἐκπλήττοντα.

wird sich gegenseitig behindern; viele werden dabei zu Schaden kommen. Die guten Reiter und Pferde können aber selbst noch mitten aus dem Feind heraus entfliehen, besonders, wenn man den Verfolgern durch die übrigen Reiter Furcht einzujagen versteht.

(15) Vorteilhaft ist dafür auch ein fingierter Hinterhalt. Nützlich ist es auch, einen Ort ausfindig zu machen, von dem aus die Freunde von einem sicheren Platz her erscheinen und so die Verfolger langsamer machen. (16) Aber auch das ist offenkundig, dass sich in Strapazen und in Schnelligkeit meist eher wenige als viele besonders hervortun, als das die vielen den wenigen überlegen wären. Ich sage damit nicht, dass sie sich, weil sie wenige sind, mehr anszustrengen in der Lage und schneller sein werden, sondern weil es leichter ist, wenige zu finden als viele, die für ihre Pferde richtig sorgen und die Reitkunst selbst mit Verstand ausüben.

(17) Wenn einmal der Fall einträte, dass die gleiche Anzahl von Reitern zum Kämpfen zur Verfügung stünde, ist mein Rat, in jeder *Phyle*[R] zwei Abteilungen zu bilden. Die eine Abteilung soll dann der *Phylarchos*[R] anführen, die andere derjenige, der (nach ihm) als der Beste gilt. (18) Dieser soll zunächst der Abteilung unter dem Anführer nachfolgen, wenn die Gegner aber schon nahe wären, sollten beide auf mündlichen Befehl in einer Linie gegen den Feind vorrücken. Dann wären sie für den Feind schrecklicher und schwerer zu bezwingen. (19) Wenn beide Seiten Fußsoldaten haben, werden diese, scheint mir, wenn sie hinter den Reitern verborgen sind, aber plötzlich zum Vorschein kommen und auf den Feind losstürmen, den Sieg dann weit eher an sich reißen, als wenn man sie gleich anfangs zeigen würde. Ich sehe ja, dass das Unerwartete, wenn es gut ist, den Menschen eher erfreut, wenn es aber etwas Widriges ist, eher erschreckt.

(20) ταῦτα δὲ γνοίη ἄν τις μάλιστα ἐνθυμούμενος ὡς οἵ τε ἐνέδραις ἐμπίπτοντες ἐκπλήττονται, καὶ ἐὰν πολὺ πλείους ὦσι, καὶ ὅταν πολέμιοι ἀλλήλοις ἀντικάθωνται, ὡς πολὺ ταῖς πρώταις ἡμέραις φοβερώτατα ἔχουσιν. (21) ἀλλὰ τὸ μὲν διατάξαι ταῦτα οὐ χαλεπόν· τὸ δ' εὑρεῖν τοὺς φρονίμως καὶ πιστῶς καὶ προθύμως καὶ εὐψύχως παρελῶντας ἐπὶ τοὺς πολεμίους, τοῦτο ἤδη ἀγαθοῦ ἱππάρχου. (22) δεῖ γὰρ καὶ λέγειν αὐτὸν ἱκανὸν εἶναι καὶ ποιεῖν τοιαῦτα ἀφ' ὧν οἱ ἀρχόμενοι γνώσονται ἀγαθὸν εἶναι τό τε πείθεσθαι καὶ τὸ ἕπεσθαι καὶ τὸ ὁμόσε ἐλαύνειν τοῖς πολεμίοις καὶ ἐπιθυμήσουσι τοῦ καλόν τι ἀκούειν καὶ δυνήσονται ἃ ἂν γνῶσιν ἐγκαρτερεῖν.

(23) ἐὰν δέ ποτε αὖ ἢ φαλάγγων ἀντιτεταγμένων ἢ χωρίων ἑκατέροις ὑπαρχόντων ἐν τῷ μέσῳ τοῖς ἱππεῦσιν ἀναστροφαί τε καὶ διώξεις καὶ ἀποχωρήσεις γίγνωνται, εἰώθασι μὲν ὡς τὰ πολλὰ ἐκ τῶν τοιούτων ὁρμᾶν μὲν ἐκ τῶν ἀναστροφῶν βραδέως ἀμφότεροι, τὸ δ' ἐν μέσῳ τάχιστα ἐλαύνειν. (24) ἢν δέ τις οὕτω προδείξας ἔπειτα δ' ἐκ τῶν ἀναστροφῶν ταχέως τε διώκῃ καὶ ταχέως ἀποχωρῇ, βλάπτειν τ' ἂν μάλιστα τοὺς πολεμίους δύναιτο καὶ ὡς τὸ εἰκὸς ἀσφαλέστατ' ἂν διάγοι, ταχὺ μὲν διώκων ἐν ᾧ ἂν ἐγγὺς ᾖ τοῦ ἑαυτοῦ ἰσχυροῦ, ταχὺ δὲ ἀποχωρῶν ἀπὸ τῶν τοῖς πολεμίοις ἰσχυρῶν. (25) εἰ δὲ καὶ λαθεῖν δύναιτο ἀπὸ τῆς τάξεως ἑκάστης καταλιπὼν ἢ τέτταρας ἢ πέντε τῶν κρατίστων ἵππων τε καὶ ἀνδρῶν, πολὺ ἂν προέχοιεν εἰς τὸ ἐπαναστρεφομένοις τοῖς πολεμίοις ἐμπίπτειν.

(20) Dies wird man am besten verstehen, wenn man bedenkt, wie sehr die Leute, die in einen Hinterhalt geraten, erschrecken, auch wenn sie viel zahlreicher sind, und wenn sich Feinde einander gegenüberliegen, dass sie sich in den ersten Tagen bei weitem am furchtsamsten verhalten. (21) Das alles anzuordnen ist zwar nicht schwer, aber Leute zu finden, die mit Überlegung, Treue, Bereitwilligkeit und Mut gegen die Feinde vorrücken, ist Sache eines guten *Hipparchos*[R]. (22) Er muss ja imstande sein, zu reden und zu handeln, dass die Untergebenen erkennen, wie nützlich es für sie ist, ihm zu gehorchen und ihm dorthin zu folgen, wo er sie hinführt, außerdem, dass sie auch gegen die Feinde reiten und dabei danach streben, etwas Rühmliches zu tun, was ihnen Lob einbringt, und dass sie bei dem, was sie als gut erkannt haben, auch bleiben.

(23) Sind aber einmal – sei es, dass die *Phalanges*[T] sich gegenüberstehen oder beide Teile in der Mitte viel Raum haben – bei den Reitern Wendungen, Verfolgungen oder Rückzüge nötig, sind sie beide meistens gewohnt, nach den Wendungen langsam loszugehen, in der Mitte aber im schnellsten Tempo durchzureiten. (24) Wenn aber einer sich zuerst so langsam reitend sehen lässt, aber nach den Wendungen schnell verfolgt und sich schnell wieder zurückzieht, wird er den Feinden am meisten schaden können und, wie zu erwarten ist, auch am sichersten davonkommen, wenn er schnell verfolgt, solange er in der Nähe seiner Hauptmacht ist und sich dann schnell vor der Hauptmacht der Feinde wieder zurückzieht. (25) Wenn man aber auch unbemerkt aus jeder Abteilung vier oder fünf der besten Pferde und Leute zurücklassen kann, werden diese beim Angriff auf die Feinde im Vorteil sein, wenn sie umwenden.

9 (1) ταῦτα δὲ ἀναγιγνώσκειν μὲν καὶ ὀλιγάκις ἀρκεῖ, ἐννοεῖν δὲ τὸ παρατυγχάνον αὐτῷ ἀεὶ δεῖ, καὶ πρὸς τὸ παριστάμενον σκοποῦντα τὸ συμφέρον ἐκπονεῖν. γράψαι δὲ πάντα ὁπόσα δεῖ ποιεῖν οὐδὲν μᾶλλον οἷόν τέ ἐστιν ἢ τὰ μέλλοντα πάντα εἰδέναι. (2) πάντων δὲ τῶν ὑπομνημάτων ἔμοιγε δοκεῖ κράτιστον εἶναι τὸ ὅσα ἂν γνῷ ἀγαθὰ εἶναι ἐπιμελεῖσθαι ὡς ἂν πραχθῇ. ὀρθῶς δὲ γιγνωσκόμενα οὐ φέρει καρπὸν οὔτ' ἐν γεωργίᾳ οὔτ' ἐν ναυκληρίᾳ οὔτ' ἐν ἀρχῇ, ἢν μή τις ἐπιμέληται ὡς ἂν ταῦτα σὺν τοῖς θεοῖς ἐκπεραίνηται.

(3) φημὶ δ' ἐγὼ ταῦτα καὶ τὸ πᾶν ἱππικὸν ὧδ' ἂν πολὺ θᾶττον ἐκπληρωθῆναι εἰς τοὺς χιλίους ἱππεῖς καὶ πολὺ ῥᾷον τοῖς πολίταις, εἰ διακοσίους ἱππέας ξένους καταστήσαιντο· δοκοῦσι γὰρ ἄν μοι οὗτοι προσγενόμενοι καὶ εὐπειστότερον ἂν πᾶν τὸ ἱππικὸν ποιῆσαι καὶ φιλοτιμότερον πρὸς ἀλλήλους περὶ ἀνδραγαθίας. (4) οἶδα δ' ἔγωγε καὶ Λακεδαιμονίοις ἱππικὸν ἀρξάμενον εὐδοκιμεῖν, ἐπεὶ ξένους ἱππέας προσέλαβον. καὶ ἐν ταῖς ἄλλαις δὲ πόλεσι πανταχοῦ τὰ ξενικὰ ὁρῶ εὐδοκιμοῦντα· ἡ γὰρ χρεία μεγάλην προθυμίαν συμβάλλεται. (5) εἰς δὲ τιμὴν τῶν ἵππων νομίζω ἂν αὐτοῖς χρήματα ὑπάρξαι καὶ παρὰ τῶν σφόδρα ἀπεχομένων μὴ ἱππεύειν, ὅτι καὶ †οἷς καθίστησι† τὸ ἱππικὸν ἐθέλουσι τελεῖν ἀργύριον ὡς μὴ ἱππεύειν, καὶ παρὰ πλουσίων μέν, ἀδυνάτων δὲ τοῖς σώμασιν, οἴομαι δὲ καὶ παρ' ὀρφανῶν τῶν δυνατοὺς οἴκους ἐχόντων. (6) νομίζω δὲ καὶ μετοίκων φιλοτιμεῖσθαι ἄν τινας εἰς ἱππικὸν καθισταμένους· ὁρῶ γὰρ καὶ τῶν ἄλλων ὁπόσων ἂν καλῶν ὄντων μεταδιδῶσιν αὐτοῖς οἱ πολῖται, φιλοτίμως ἐνίους ἐθέλοντας τὸ προσταχθὲν

Eigenes Agieren

9 (1) Es genügt, das alles nur ein paarmal zu lesen. Der *Hipparchos*[R] aber muss tun, was die Lage erfordert, und danach alles nützlich anordnen und durchführen lassen. Alles jedoch genau zu beschreiben, was er tun muss, ist ebensowenig möglich wie die Zukunft vorauszusagen. (2) Unter allen Memoranden[X] scheint mir somit das beste, alles, was er als gut und nützlich erkannt hat, mit allem Nachdruck durchführen zu lassen. Etwas, was gut ausgedacht ist, bringt aber lange keine Frucht, weder in der Landwirtschaft noch in der Schifffahrt noch in einem Amt, wenn man nicht dafür sorgt, dass es mit göttlicher Hilfe auch durchgeführt wird.

Einsatz von Söldnern

(3) Ich sage auch, dass die Gesamtzahl der Reiterei viel schneller und weit leichter für die Bürger auf volle 1000 Mann gebracht werden könnte, wenn man 200 Söldnerreiter[R] aufnähme. Wenn nämlich diese hinzukämen, würde die ganze Reiterei mehr Gehorsam und mehr Wetteifer in Tapferkeit zeigen. (4) Ich weiß auch, dass bei den Lakedaimoniern die Reiterei in einen guten Ruf kam, als man Söldnerreiter einstellte. Auch in anderen *Poleis* sehe ich überall, dass die Söldnerreiter in gutem Ruf stehen. Die Not (der Söldner) bringt ja große Bereitwilligkeit (zum Dienen) mit sich. (5) Zur Finanzierung der Pferde muss man, wie ich meine, Geld von denen herbeischaffen, die sich vom Reiterdienst ganz befreien wollen,[R] denn Leute, deren Pflicht der Reiterdienst eigentlich ist, bezahlen gerne, um nicht als Reiter dienen zu müssen. Auch von Reichen, aber körperlich Untüchtigen oder von Waisen[G] könnte man das Geld bekommen, sofern sie ein größeres Vermögen besitzen. (6) Von den Metöken[G] würden wohl auch einige, wenn man sie unter die Reiter aufnehmen würde, eine Ehre darin sehen. Ich sehe ja, dass sie, wenn ihnen die Bürger manchen ehrenvollen Dienst übertragen, mit einem gewissen Ehrgeiz das

διαπράττεσθαι. (7) δοκεῖ δ' ἄν μοι καὶ πεζὸν σὺν τοῖς ἵπποις ἐνεργότατον εἶναι, εἰ συσταθείη ἐξ ἀνδρῶν τῶν ἐναντιωτάτων τοῖς πολεμίοις.

(8) ταῦτα δὲ πάντα θεῶν συνεθελόντων γένοιτ' ἄν. εἰ δέ τις τοῦτο θαυμάζει, ὅτι πολλάκις γέγραπται τὸ σὺν θεῷ πράττειν, εὖ ἴστω ὅτι ἢν πολλάκις κινδυνεύῃ, ἧττον τοῦτο θαυμάσεται, καὶ ἤν γε κατανοῇ ὅτι, ὅταν πόλεμος ᾖ, ἐπιβουλεύουσι μὲν ἀλλήλοις οἱ ἐναντίοι, ὀλιγάκις δὲ ἴσασι πῶς ἔχει τὰ ἐπιβουλευόμενα.

(9) τὰ οὖν τοιαῦτα οὐδ' ὅτῳ συμβουλεύσεταί τις οἷόν τε εὑρεῖν πλὴν θεῶν· οὗτοι δὲ πάντα ἴσασι καὶ προσημαίνουσιν ᾧ ἂν ἐθέλωσι καὶ ἐν ἱεροῖς καὶ ἐν οἰωνοῖς καὶ ἐν φήμαις καὶ ἐν ὀνείρασιν. εἰκὸς δὲ μᾶλλον ἐθέλειν αὐτοὺς συμβουλεύειν τούτοις, οἳ ἂν μὴ μόνον ὅταν δέωνται ἐπερωτῶσι τί χρὴ ποιεῖν, ἀλλὰ καὶ ἐν ταῖς εὐτυχίαις θεραπεύωσιν ὅ τι ἂν δύνωνται τοὺς θεούς.

ihnen Auferlegte gerne übernehmen. (7) Auch scheint mir, dass das Fußvolk in Verbindung mit der Reiterei dann am kampfstärksten ist, wenn es aus Leuten besteht, die den Feinden gegenüber die größte Abneigung hegen.

Mit den Göttern!

(8) Das alles kann geschehen, wenn Götter ihren Beistand dazu geben. Wenn sich aber jemand wundert, dass hier so oft steht, man solle mit göttlicher Hilfe handeln, sei er versichert, dass er sich, wenn er öfter in Gefahr kommt, weniger darüber wundern wird. Er möge bedenken, dass im Krieg die Gegner einander nachstellen, man aber selten weiß, wie die Sache ausgeht.

(9) Es ist daher nicht leicht, jemanden zu finden, mit dem man sich beraten kann – außer mit Göttern. Sie wissen ja alles und zeigen es vorher an, wem sie es zeigen wollen, teils durch Opfer, teils durch Vogelzeichen, Weissagungen oder Träume. Erwartungsgemäß raten sie denen lieber, die nicht nur in der Not um Rat fragen, sondern denen, die auch im Glück die Götter nach Kräften ehren!

ΠΕΡΙ ΙΠΠΙΚΗΣ

1 (1) ἐπειδὴ διὰ τὸ συμβῆναι ἡμῖν πολὺν χρόνον ἱππεύειν οἰόμεθα ἔμπειροι ἱππικῆς γεγενῆσθαι, βουλόμεθα καὶ τοῖς νεωτέροις τῶν φίλων δηλῶσαι ᾗ ἂν νομίζομεν αὐτοὺς ὀρθότατα ἵπποις προσφέρεσθαι. συνέγραψε μὲν οὖν καὶ Σίμων περὶ ἱππικῆς, ὃς καὶ τὸν κατὰ τὸ Ἐλευσίνιον Ἀθήνησιν ἵππον χαλκοῦν ἀνέθηκε καὶ ἐν τῷ βάθρῳ τὰ ἑαυτοῦ ἔργα ἐξετύπωσεν· ἡμεῖς γε μέντοι ὅσοις συνετύχομεν ταὐτὰ γνόντες ἐκείνῳ, οὐκ ἐξαλείφομεν ἐκ τῶν ἡμετέρων, ἀλλὰ πολὺ ἥδιον παραδώσομεν αὐτὰ τοῖς φίλοις, νομίζοντες ἀξιοπιστότερα εἶναι ὅτι κἀκεῖνος κατὰ ταὐτὰ ἡμῖν ἔγνω ἱππικὸς ὤν· καὶ ὅσα δὴ παρέλιπεν ἡμεῖς πειρασόμεθα δηλῶσαι.

πρῶτον δὲ γράψομεν ὡς ἄν τις ἥκιστα ἐξαπατῷτο ἐν ἱππωνίᾳ. τοῦ μὲν τοίνυν ἔτι ἀδαμάστου πώλου δῆλον ὅτι τὸ σῶμα δεῖ δοκιμάζειν· τῆς γὰρ ψυχῆς οὐ πάνυ σαφῆ τεκμήρια παρέχεται ὁ μήπω ἀναβαινόμενος.

(2) τοῦ γε μὴν σώματος πρῶτόν φαμεν χρῆναι τοὺς πόδας σκοπεῖν. ὥσπερ γὰρ οἰκίας οὐδὲν ὄφελος ἂν εἴη, εἰ τὰ ἄνω πάνυ καλὰ ἔχοι μὴ ὑποκειμένων οἵων δεῖ θεμελίων, οὕτω καὶ ἵππου πολεμιστηρίου οὐδὲν ἂν ὄφελος εἴη, οὐδ᾽ εἰ τἆλλα

BUCH VON DER REITKUNST

Einführung

1 (1) Da wir uns schon sehr lange reiterlich betätigen, glauben wir, in der Reitkunst doch einige Erfahrungen gesammelt zu haben, um aus ihnen – gerade auch für die jüngeren unter unseren Freunden – eine Anleitung zum besten Umgang mit Pferden aufzeichnen zu können. Es hat zwar auch Simon[E] über die Reitkunst geschrieben, der im *Eleusinion*[S] in Athen ein bronzenes Pferd als Weihgeschenk aufgestellt und an dessen Sockel seine Taten in Reliefs dargestellt hat; wir aber wollen von unseren Erfahrungen diejenigen nicht weglassen, in denen wir mit jenem übereinstimmen, sondern sie viel lieber den Freunden weitergeben, da wir glauben, sie seien dadurch glaubwürdiger, dass auch er, der ja ein erfahrener Reitersmann ist, dieselben Ansichten hat wie wir. Was er dagegen ausgelassen hat, das werden wir zu ergänzen versuchen.

Kauf von Fohlen

Zu Beginn wollen wir schreiben, wie man am wenigsten beim Pferdekauf betrogen werden kann. Bei einem ungezähmten Fohlen muss man offenkundig zunächst den Körper genau untersuchen, weil das noch nicht zugerittene Tier für seinen Charakter noch keine klaren Belege bietet.

(2) Zuerst sind also beim Körper die Füße zu betrachten. So, wie ein Haus wohl nutzlos ist, wenn zwar die oberen Teile ganz schön gebaut sind, aber nicht auf einem festen Fundament stehen, ist nämlich auch ein für den Krieg bestimmtes Pferd wohl nutzlos,

πάντα ἀγαθὰ ἔχοι, κακόπους δ' εἴη· οὐδενὶ γὰρ ἂν δύναιτο τῶν ἀγαθῶν χρῆσθαι. (3) πόδας δ' ἄν τις δοκιμάζοι πρῶτον μὲν τοὺς ὄνυχας σκοπῶν· οἱ γὰρ παχεῖς πολὺ τῶν λεπτῶν διαφέρουσιν εἰς εὐποδίαν· ἔπειτα οὐδὲ τοῦτο δεῖ λανθάνειν, πότερον αἱ ὁπλαί εἰσιν ὑψηλαὶ ἢ ταπειναὶ καὶ ἔμπροσθεν καὶ ὄπισθεν ἢ χαμηλαί. αἱ μὲν γὰρ ὑψηλαὶ πόρρω ἀπὸ τοῦ δαπέδου ἔχουσι τὴν χελιδόνα καλουμένην, αἱ δὲ ταπειναὶ ὁμοίως βαίνουσι τῷ τε ἰσχυροτάτῳ καὶ τῷ μαλακωτάτῳ τοῦ ποδός, ὥσπερ οἱ βλαισοὶ τῶν ἀνθρώπων· καὶ τῷ ψόφῳ δὲ ἔφη Σίμων δήλους εἶναι τοὺς εὔποδας, καλῶς λέγων· ὥσπερ γὰρ κύμβαλον ψοφεῖ πρὸς τὸ δάπεδον ἡ κοίλη ὁπλή.

(4) ἐπεὶ δὲ ἠρξάμεθα ἐντεῦθεν, ταύτῃ καὶ ἀναβησόμεθα πρὸς τὸ ἄλλο σῶμα. δεῖ τοίνυν καὶ τὰ ἀνωτέρω μὲν τῶν ὁπλῶν, κατωτέρω δὲ τῶν κυνηπόδων ὀστᾶ μήτε ἄγαν ὀρθὰ εἶναι ὥσπερ αἰγός· ἀντιτυπώτερα γὰρ ὄντα κόπτει τε τὸν ἀναβάτην καὶ παραπίμπραται μᾶλλον τὰ τοιαῦτα σκέλη· οὐδὲ μὴν ἄγαν ταπεινὰ τὰ ὀστᾶ δεῖ εἶναι· ψιλοῖντο γὰρ ἂν καὶ ἑλκοῖντο οἱ κυνήποδες εἴτ' ἐν βώλοις εἴτ' ἐν λίθοις ἐλαύνοιτο ὁ ἵππος.

(5) τῶν γε μὴν κνημῶν τὰ ὀστᾶ παχέα χρὴ εἶναι· ταῦτα γάρ ἐστι στήριγγες τοῦ σώματος· οὐ μέντοι φλεψί γε οὐδὲ σαρξὶ παχέα· εἰ δὲ μή, ὅταν ἐν σκληροῖς ἐλαύνηται, ἀνάγκη αἵματος ταῦτα πληροῦσθαι καὶ κρισσοὺς γίγνεσθαι, καὶ παχύνεσθαι μὲν τὰ σκέλη, ἀφίστασθαι δὲ τὸ δέρμα. χαλῶντος δὲ τούτου πολλάκις καὶ ἡ περόνη ἀποστᾶσα χωλὸν ἀπέδειξε τὸν ἵππον.

(6) τά γε μὴν γόνατα ἢν βαδίζων ὁ πῶλος ὑγρῶς κάμπτῃ, εἰκάζοις ἂν καὶ ἱππεύοντα ὑγρὰ ἕξειν τὰ σκέλη· πάντες γὰρ προϊόντος

wenn sonst alles an ihm gut ist, es aber schlechte Füße hat. Dann nämlich können ja alle seine übrigen Vorzüge nicht zur Geltung kommen. (3) Bei der Prüfung der Füße muss man sehr aufmerksam die Hufwände[K] untersuchen. Die dicken übertreffen ja die dünnen in Beziehung auf gute Füße. Man achte auch darauf, ob die Hufe sowohl vorne als auch hinten hoch oder aber flach sind. Hohe Hufe halten die sogenannte »Schwalbe« (Hufsohle)[K] weit vom Boden ab, während flache Hufe so aufliegen, dass sie mit dem stärksten Teil ebenso wie mit dem weichsten des Fußes auftreten, genauso wie Menschen mit Plattfüßen. Auch durch den Klang sind die mit guten Füßen begabten Pferde zu erkennen, wie Simon[E] sagt. Wie ein *Kymbalon*[G] klingt auf dem Boden der hohle Huf.

(4) Nachdem wir von hier begonnen haben, wollen wir gemeinsam den übrigen Körper hinaufsteigen. Die Knochen über den Hufen, aber unter den Köten[K] dürfen nicht zu steil nach oben weisen, wie etwa bei einer Ziege; wenn sie nämlich so gestaltet sind, verursachen sie ein stärkeres Zurückprallen und stoßen den Reiter; zudem entzünden sich so eher die Schenkel. Auch dürfen die Knochen nicht zu niedrig liegen, denn die Köten würden dann die Haare verlieren und es würden sich Geschwüre bilden, wenn das Pferd auf Erdschollen oder Steinen liefe.

(5) Die Knochen der Schienbeine sollen stark sein, denn sie sind die Stützen des Körpers, trotzdem aber nicht dickadrig und dickfleischig. Sonst nämlich werden sie, wenn das Pferd auf hartem Boden läuft, schnell voller Blut und es entstehen Krampfadern, die Unterschenkel werden plump und die Haut löst sich ab. Wenn sie aber schlaff wird, hat sich auch schon oft das Wadenbein abgelöst und dadurch das Pferd gelähmt.

(6) Wenn das Fohlen beim Gehen die Knie[K] geschmeidig beugt, kann man damit rechnen, dass es auch unter dem Reiter ge-

τοῦ χρόνου ὑγροτέρως κάμπτουσιν ἐν τοῖς γόνασι. τὰ δὲ ὑγρὰ δικαίως εὐδοκιμεῖ· ἀπταιστότερον γὰρ καὶ ἀκοπώτερον τὸν ἵππον τῶν σκληρῶν σκελῶν παρέχει.

(7) μηροί γε μέντοι οἱ ὑπὸ ταῖς ὠμοπλάταις ἢν παχεῖς ὦσιν, ἰσχυρότεροί τε καὶ εὐπρεπέστεροι ὥσπερ ἀνδρὸς φαίνονται. καὶ μὴν στέρνα πλατύτερα ὄντα καὶ πρὸς κάλλος καὶ πρὸς ἰσχὺν καὶ πρὸς τὸ μὴ ἐπαλλὰξ ἀλλὰ διὰ πολλοῦ τὰ σκέλη φέρειν εὐφυέστερα.

(8) ἀπό γε μὴν τοῦ στέρνου ὁ μὲν αὐχὴν αὐτοῦ μὴ ὥσπερ κάπρου προπετὴς πεφύκοι, ἀλλ' ὥσπερ ἀλεκτρυόνος ὀρθὸς πρὸς τὴν κορυφὴν ἥκοι, λαγαρὸς δὲ εἴη τὰ κατὰ τὴν συγκαμπήν, ἡ δὲ κεφαλὴ ὀστώδης οὖσα μικρὰν σιαγόνα ἔχοι. οὕτως ὁ μὲν τράχηλος πρὸ τοῦ ἀναβάτου ἂν εἴη, τὸ δὲ ὄμμα τὰ πρὸ τῶν ποδῶν ὁρῴη.

καὶ βιάζεσθαι δὲ ἥκιστ' ἂν δύναιτο ὁ τοιοῦτον σχῆμα ἔχων καὶ εἰ πάνυ θυμοειδὴς εἴη· οὐ γὰρ ἐγκάμπτοντες ἀλλ' ἐκτείνοντες τὸν τράχηλον καὶ τὴν κεφαλὴν βιάζεσθαι οἱ ἵπποι ἐπιχειροῦσι.

(9) σκοπεῖν δὲ χρὴ καὶ εἰ ἀμφότεραι μαλακαὶ αἱ γνάθοι ἢ σκληρὰ ἡ ἑτέρα. ἑτερόγναθοι γὰρ ὡς τὰ πολλὰ οἱ μὴ ὁμοίας τὰς γνάθους ἔχοντες γίγνονται. καὶ μὴν τὸ ἐξόφθαλμον εἶναι ἐγρηγορὸς μᾶλλον φαίνεται τοῦ κοιλοφθάλμου, καὶ ἐπὶ πλέον δ' ἂν ὁ τοιοῦτος ὁρῴη. (10) καὶ μυκτῆρές γε οἱ ἀναπεπταμένοι τῶν συμπεπτωκότων εὐπνοώτεροί τε ἅμα εἰσὶ καὶ γοργότερον τὸν ἵππον ἀποδεικνύουσι. καὶ γὰρ ὅταν ὀργίζηται ἵππος ἵππῳ

schmeidige Schenkel haben wird, denn alle beugen im Laufe der Zeit die Beine geschmeidiger in den Knien. Geschmeidigkeit wird mit Recht sehr geschätzt, denn sie bewirkt, dass das Pferd weniger stolpert und auch weniger stößt als bei steifen Schenkeln.

(7) Die Oberschenkel, die unterhalb der Schulterblätter liegen, sehen, wenn sie dick sind, kräftiger und stattlicher aus, wie beim Menschen. Eine breitere Brust ist in Bezug auf Schönheit und Kraft besser gebaut und gibt der Bewegung der Schenkel weiteren Raumgriff.

(8) Von der Brust aus darf der Nacken nicht wie bei einem Eber schlaff nach unten sinken, sondern soll wie bei einem Hahn gerade zur Stirn aufsteigen. Er soll beim Einbug[K] schmal sein. Der Kopf sei knochig und habe einen kleinen Unterkiefer[K]. So wird der Hals vor dem Reiter gerade stehen, der Blick aber vor die Füße sehen.

Ein Pferd von solchem Körperbau wird am wenigsten widerspenstig sein können, wenn es auch noch so hitzig wäre. Die Pferde versuchen ja nicht, wenn sie Hals und Kopf biegen, widerspenstig zu sein, sondern wenn sie sich versteifen.

(9) Es ist auch wichtig zu wissen, ob die Laden[K] (die zahnlosen Bereiche zwischen Schneide- und Backenzähnen auf der linken und der rechten Seite) beide weich sind (und daher die Trense[Z] spüren) oder eine von ihnen hart. Meistens wird bei ungleichen Laden eine Seite hart. Stehen die Augen etwas vor, sieht das munterer aus, als wenn sie tief liegen; ein solches (Pferd) wird wohl auch weiter sehen können. (10) Weit geöffnete Nasenlöcher (Nüstern)[K] sind zum Atmen besser als eingefallene und geben dem Pferd auch ein lebhafteres Aussehen. Wenn ein Pferd in Zorn

ἢ ἐν ἱππασίᾳ θυμῶται, εὐρύνει μᾶλλον τοὺς μυκτῆρας. (11) καὶ μὴν κορυφὴ μὲν μείζων, ὦτα δὲ μικρότερα ἱππωδεστέραν τὴν κεφαλὴν ἀποφαίνει.

ἡ δ' αὖ ὑψηλὴ ἀκρωμία τῷ τε ἀναβάτῃ ἀσφαλεστέραν τὴν ἕδραν καὶ τοῖς ὤμοις καὶ τῷ σώματι ἰσχυροτέραν τὴν πρόσφυσιν παρέχεται. ῥάχις γε μὴν ἡ διπλῆ τῆς ἁπλῆς καὶ ἐγκαθῆσθαι μαλακωτέρα καὶ ἰδεῖν ἡδίων. (12) καὶ πλευρὰ δὲ ἡ βαθυτέρα καὶ πρὸς τὴν γαστέρα ὀγκωδεστέρα ἅμα εὐεδρότερόν τε καὶ ἰσχυρότερον καὶ εὐχιλότερον ὡς ἐπὶ πολὺ τὸν ἵππον παρέχεται. ὀσφῦς γε μὴν ὅσῳ ἂν πλατυτέρα τε καὶ βραχυτέρα ᾖ, τοσούτῳ ῥᾷον μὲν ὁ ἵππος τὰ πρόσθεν αἴρεται, ῥᾷον δὲ τὰ ὄπισθεν προσάγεται· καὶ ὁ κενεὼν δὲ οὕτω μικρότατος φαίνεται, ὅσπερ μέγας ὢν μέρος μέν τι καὶ αἰσχύνει, μέρος δέ τι καὶ ἀσθενέστερον καὶ δυσφορώτερον αὖ τὸν ἵππον παρέχεται. (13) τά γε μὴν ἰσχία πλατέα μὲν εἶναι χρὴ καὶ εὔσαρκα, ἵνα ἀκόλουθα ᾖ ταῖς πλευραῖς καὶ τοῖς στέρνοις· ἢν δὲ πάντα στερεὰ ᾖ, κουφότερα ἂν τὰ πρὸς τὸν δρόμον εἴη καὶ ὀξύτερον μᾶλλον ἂν τὸν ἵππον παρέχοιτο. (14) μηρούς γε μὴν τοὺς ὑπὸ τῇ οὐρᾷ ἢν ἅμα πλατείᾳ τῇ γραμμῇ διωρισμένους ἔχῃ, οὕτω καὶ τὰ ὄπισθεν σκέλη διὰ πολλοῦ ὑποθήσει. τοῦτο δὲ ποιῶν ἅμα γοργοτέραν τε καὶ ἰσχυροτέραν ἕξει τὴν ὑπόβασίν τε καὶ ἱππασίαν καὶ ἅπαντα βελτίων ἔσται ἑαυτοῦ. τεκμήραιο δ' ἂν καὶ ἀπ' ἀνθρώπων· ὅταν γάρ τι ἀπὸ τῆς γῆς ἄρασθαι βούλωνται, διαβαίνοντες πάντες μᾶλλον ἢ συμβεβηκότες ἐπιχειροῦσιν αἴρεσθαι.

(15) τούς γε μὴν ὄρχεις δεῖ μὴ μεγάλους τὸν ἵππον ἔχειν, ὃ οὐκ ἔστι πώλου κατιδεῖν. περί γε μὴν τῶν κάτωθεν, ἀστραγάλων ἢ κνημῶν καὶ κυνηπόδων καὶ ὁπλῶν, ταὐτὰ λέγομεν ἅπερ περὶ τῶν ἔμπροσθεν.

auf ein anderes Pferd gerät oder bei der Reitübung hitzig wird, erweitern sich die Nasenlöcher. (11) Eine breite Stirn und kleine Ohren geben dem Kopf ein für (gute) Pferde typisches Äußeres.

Der hohe Widerrist[K] gibt dem Reiter einen festeren Sitz und verleiht den Schultern und dem Körper eine stärkere Verbindung. Ein doppeltes (beiderseits mit Muskeln bepacktes) Rückgrat ist zum Aufsitzen weicher und angenehmer als ein einfaches. (12) Auch lassen die höheren, weit oben beginnenden und gegen den Bauch zu weiter gewölbten Rippen den Reiter besser sitzen; (das Pferd) wird dadurch kräftiger und leichter zu füttern. Je breiter und kürzer die Lenden sind, desto leichter hebt das Pferd seine Vorderpartie und desto leichter schiebt es die Hinterpartie vor. Auch erscheint so die Flanke besonders klein; wenn sie groß ist, entstellt sie teils selbst das Pferd, teils macht sie es auch schwächer und schlechter tragend. (13) Die Hüften (Kruppe)[K] aber müssen breit und fest sein, damit sie mit den Rippen und der Brust im rechten Verhältnis stehen. Wenn sie recht muskulös sind, werden sie dem Laufen förderlich sein und das Pferd noch schneller machen. (14) Wenn die Oberschenkel, die unter dem Schweif liegen, durch eine breite Linie getrennt sind, muss das Pferd auch die hinteren Unterschenkel weit auseinandersetzen. Dadurch wird es mehr Lebhaftigkeit und Kraft sowohl beim Niederlassen als auch beim Reiten und überhaupt alles besser haben. Etwas Ähnliches kann man auch bei den Menschen beobachten: Wenn sie etwas von der Erde aufheben wollen, versuchen sie es, indem sie die Beine mehr spreizen als zusammenstellen.

(15) Ein gutes Pferd darf auch keine großen Hoden haben, was man freilich beim Fohlen noch nicht beurteilen kann. Über die Hinterpartie, also Sprungbeine, Schienbeine, Köten[K] und Hufe, gilt dasselbe wie bei der oben beschriebenen Beurteilung der Vorderpartie.

(16) γράψαι δὲ βούλομαι καὶ ἐξ ὧν ἂν περὶ μεγέθους ἥκιστα ἀποτυγχάνοι τις. ὅτου γὰρ ἂν ὦσιν αἱ κνῆμαι εὐθὺς γιγνομένου ὑψηλόταται, οὗτος μέγιστος γίγνεται. προϊόντος γὰρ τοῦ χρόνου πάντων τῶν τετραπόδων αἱ μὲν κνῆμαι εἰς μέγεθος οὐ μάλα αὔξονται, πρὸς δὲ ταύτας ὡς ἂν συμμέτρως ἔχῃ συναύξεται καὶ τὸ ἄλλο σῶμα.

(17) εἶδος μὲν δὴ πώλου οὕτω δοκιμάζοντες μάλιστ᾽ ἂν ἡμῖν δοκοῦσι τυγχάνειν εὔποδος καὶ ἰσχυροῦ καὶ εὐσάρκου καὶ εὐσχήμονος καὶ εὐμεγέθους. εἰ δέ τινες αὐξανόμενοι μεταβάλλουσιν, ὅμως οὕτω θαρρῶν τις δοκιμάζοι ἄν· πολὺ γὰρ πλείονες εὔχρηστοι ἐξ αἰσχρῶν ἢ ἐκ τοιούτων αἰσχροὶ γίγνονται.

2 (1) ὅπως γε μὴν δεῖ πωλεύειν οὐ δοκεῖ ἡμῖν γραπτέον εἶναι· τάττονται μὲν γὰρ δὴ ἐν ταῖς πόλεσιν ἱππεύειν οἱ τοῖς χρήμασί τε ἱκανώτατοι καὶ τῆς πόλεως οὐκ ἐλάχιστον μετέχοντες· πολὺ δὲ κρεῖττον τοῦ πωλοδαμνεῖν εἶναι τῷ μὲν νέῳ εὐεξίας τε ἐπιμελεῖσθαι τῆς ἑαυτοῦ καὶ ἱππικὴν ἐν ᾗ ἐπισταμένῳ ἤδη ἱππάζεσθαι μελετᾶν, τῷ δὲ πρεσβυτέρῳ τοῦ τε οἴκου καὶ τῶν φίλων καὶ τῶν πολιτικῶν καὶ τῶν πολεμικῶν μᾶλλον ἢ ἀμφὶ πώλευσιν διατρίβειν.

(2) ὁ μὲν δὴ ὥσπερ ἐγὼ γιγνώσκων περὶ πωλείας δῆλον ὅτι ἐκδώσει τὸν πῶλον. χρὴ μέντοι, ὥσπερ τὸν παῖδα ὅταν ἐπὶ τέχνην ἐκδῷ, συγγραψάμενον ἃ δεήσει ἐπιστάμενον ἀποδοῦναι

(16) Ich will aber auch noch schreiben, wie man bezüglich der Größe eines Pferdes (einen Kauf) am vorteilhaftesten abschließt: Wenn gleich nach der Geburt die Schienbeine sehr lang sind, wird es sehr groß werden. Im Lauf der Zeit wachsen ja bei allen Vierbeinern die Schienbeine nicht so sehr in die Länge, im Verhältnis zu ihnen aber wächst der übrige Körper.

(17) Wer nach diesen Gesichtspunkten die Gestalt eines Fohlens mustert, wird meiner Meinung nach am ehesten ein mit guten Füßen begabtes, kräftiges, fleischiges, schönes und großes Pferd bekommen. Sollten sich einige während des Wachstums anders entwickeln, ist das kein Gegenbeweis einer solchen Prüfung, denn in der Regel werden bei weitem mehr Pferde aus unscheinbaren Fohlen wohlgestaltet als aus solchen hässlich.

Erziehung von Fohlen

2 (1) Wie man das Fohlen erziehen soll, brauche ich eigentlich nicht zu beschreiben, denn man bestellt ja in der *Polis* zum Reiterdienst die Reichsten und Wohlhabendsten, die zudem an der Verwaltung der *Polis* nicht den geringsten Anteil nehmen.[G] Viel wichtiger scheint es mir daher für jeden jungen Mann, auf eine gute Körperhaltung bedacht zu sein und sich um das Erlernen der Reitkunst im eigentlichen Sinn zu bemühen. Wenn er schon zu reiten versteht, soll er sich weiter darin vervollkommnen. Für einen älteren Mann hingegen gehört es sich, dass er sich mehr um sein Hauswesen, seine Freunde und die Angelegenheiten der *Polis* und des Krieges als um die Fohlenerziehung kümmert.

(2) Wer nun so wie ich über die Erziehung des Fohlens denkt, wird es sicher aus dem Haus geben. Man muss dabei jedoch so vorgehen wie bei einem Knaben, den man in die Lehre gibt, indem man einen schriftlichen Vertrag[G] aufsetzt, der festlegt, mit

οὕτως ἐκδιδόναι. ταῦτα γὰρ ὑπομνήματα ἔσται τῷ πωλοδάμνῃ ὧν δεῖ ἐπιμεληθῆναι, εἰ μέλλει τὸν μισθὸν ἀπολήψεσθαι. (3) ὅπως μέντοι πρᾳός τε καὶ χειροήθης καὶ φιλάνθρωπος ὁ πῶλος ἐκδιδῶται τῷ πωλοδάμνῃ ἐπιμελητέον.

τὸ γὰρ τοιοῦτον οἴκοι τε τὰ πλεῖστα καὶ διὰ τοῦ ἱπποκόμου ἀποτελεῖται, ἢν ἐπίστηται τὸ μὲν πεινῆν καὶ διψῆν καὶ μυωπίζεσθαι παρασκευάζειν μετ᾽ ἐρημίας γίγνεσθαι τῷ πώλῳ, τὸ δὲ φαγεῖν καὶ πιεῖν καὶ τὸ τῶν λυπούντων ἀπαλλάττεσθαι δι᾽ ἀνθρώπων. τούτων γὰρ γιγνομένων ἀνάγκη μὴ μόνον φιλεῖσθαι ἀλλὰ καὶ ποθεῖσθαι ὑπὸ πώλων ἀνθρώπους. (4) καὶ ἅπτεσθαι δὲ χρὴ ὧν ψηλαφωμένων ὁ ἵππος μάλιστα ἥδεται. ταῦτα δ᾽ ἐστὶ τά τε λασιώτατα καὶ οἷς αὐτὸς ἥκιστ᾽ ἂν δύναιτο ὁ ἵππος, ἤν τι λυπῇ αὐτόν, ἐπικουρεῖν.

(5) προστετάχθω δὲ τῷ ἱπποκόμῳ καὶ τὸ δι᾽ ὄχλου διάγειν καὶ παντοδαπαῖς μὲν ὄψεσι παντοδαποῖς δὲ ψόφοις πλησιάζειν. τούτων δέ, ὅσα ἂν ὁ πῶλος φοβῆται, οὐ χαλεπαίνοντα δεῖ ἀλλὰ πραΰνοντα διδάσκειν ὅτι οὐ δεινά ἐστι. καὶ περὶ μὲν πωλείας ἀρκεῖν μοι δοκεῖ τῷ ἰδιώτῃ εἰπεῖν τοσαῦτα πράττειν.

3 (1) ὅταν γε μὴν ἱππαζόμενον ὠνῆταί τις, ὑπομνήματα γράψομεν ἃ δεῖ καταμανθάνειν τὸν μέλλοντα μὴ ἐξαπατᾶσθαι ἐν ἱππωνίᾳ. πρῶτον μὲν τοίνυν μὴ λαθέτω αὐτὸν τίς ἡ ἡλικία· ὁ γὰρ μηκέτι ἔχων γνώμονας οὔτ᾽ ἐλπίσιν εὐφραίνει οὔτε ὁμοίως

welchen Kenntnissen die Lehrzeit als abgeschlossen gilt. Er soll dem Fohlenerzieher als Memorandum[X] für das dienen, um das er sich kümmern muss, wenn er den Lohn dafür erhalten will. (3) Wichtig ist dabei freilich, dass dem Fohlenerzieher das Fohlen sanftmütig, folgsam und Menschen liebend ausgehändigt wird.

Solche Eigenschaften werden meist schon zu Hause von einem Reitknecht vermittelt, indem er das Fohlen für die Einsicht bereit macht, dass Hunger, Durst und Gereiztwerden gleichbedeutend mit Alleinsein und Einsamkeit für das Fohlen sind, ihm aber Fressen und Trinken sowie das Entfernen von allem, was ihm weh tut, von Menschen zukommt. Wenn man dies konsequent beachtet, ergibt sich notwendigerweise, dass das Fohlen die Menschen nicht nur liebt, sondern nach ihnen verlangt. (4) Man soll auch diejenigen Teile des Körpers berühren und streicheln, deren Betastung dem Pferd am meisten wohltut. Diese Körperstellen sind einmal die am meisten behaarten Stellen und dann die, an denen das Pferd sich schlecht selbst helfen kann, wenn ihm dort etwas weh tut.

(5) Man muss dem Reitknecht auch auftragen, das Fohlen durch dichtes Volksgetümmel zu führen und es zu den unterschiedlichsten Anblicken und Lärmquellen bringen (damit es sich daran gewöhnt). Wenn sich das Fohlen davor fürchtet, soll man es nicht mit harter, sondern mit sanfter Behandlung belehren, dass das nichts Schlimmes ist. Über die Erziehung von Fohlen scheint mir damit für den Laien genug gesagt.

Kauf von zugerittenen Pferden

3 (1) Wenn jemand ein schon zugerittenes Pferd kaufen will, wollen wir ein Memorandum[X] aufschreiben, was er beachten muss, damit er beim Pferdekauf nicht betrogen wird. Zuerst darf ihm nicht verborgen bleiben, wie alt das Tier ist, denn ein Pferd, das keine Kennzähne (Milchzähne) mehr hat, erweckt keine frohen

εὐαπάλλακτος γίγνεται. (2) ὁπότε δὲ ἡ νεότης σαφής, δεῖ αὖ μὴ λαθεῖν πῶς μὲν εἰς τὸ στόμα δέχεται τὸν χαλινόν, πῶς δὲ περὶ τὰ ὦτα τὴν κορυφαίαν. ταῦτα δ' ἥκιστ' ἂν λανθάνοι, εἰ ὁρῶντος μὲν τοῦ ὠνουμένου ἐμβάλλοιτο ὁ χαλινός, ὁρῶντος δ' ἐξαιροῖτο.

(3) ἔπειτα δὲ προσέχειν δεῖ τὸν νοῦν πῶς ἐπὶ τὸν νῶτον δέχεται τὸν ἀναβάτην. πολλοὶ γὰρ ἵπποι χαλεπῶς προσίενται ἃ πρόδηλα αὐτοῖς ἐστιν ὅτι προσέμενοι πονεῖν ἀναγκασθήσονται. (4) σκεπτέον δὲ καὶ τόδε, εἰ ἀναβαθεὶς ἐθέλει ἀφ' ἵππων ἀποχωρεῖν ἢ εἰ παρ' ἑστηκότας ἱππεύων μὴ ἐκφέρει πρὸς τούτους. εἰσὶ δὲ οἳ διὰ κακὴν ἀγωγὴν καὶ πρὸς τὰς οἴκαδε ἀφόδους φεύγουσιν ἐκ τῶν ἱππασιῶν.

(5) τούς γε μὴν ἑτερογνάθους μηνύει μὲν καὶ ἡ πέδη καλουμένη ἱππασία, πολὺ δὲ μᾶλλον καὶ τὸ μεταβάλλεσθαι τὴν ἱππασίαν. πολλοὶ γὰρ οὐκ ἐγχειροῦσιν ἐκφέρειν, ἢν μὴ ἅμα συμβῇ ἥ τε ἄδικος γνάθος καὶ ἡ πρὸς οἶκον ἐκφορά. δεῖ γε μὴν εἰδέναι καὶ εἰ ἀφεθεὶς εἰς τάχος ἀναλαμβάνεται ἐν βραχεῖ καὶ εἰ ἀποστρέφεσθαι ἐθέλει. (6) ἀγαθὸν δὲ μὴ ἄπειρον εἶναι εἰ καὶ πληγῇ ἐγερθεὶς ἐθέλει ὁμοίως πείθεσθαι. ἄχρηστον μὲν γὰρ δήπου καὶ οἰκέτης καὶ στράτευμα ἀπειθές· ἵππος δὲ ἀπειθὴς οὐ μόνον ἄχρηστος, ἀλλὰ πολλάκις καὶ ὅσαπερ προδότης διαπράττεται.

(7) ἐπεὶ δὲ πολεμιστήριον ἵππον ὑπεθέμεθα ὠνεῖσθαι, ληπτέον πεῖραν ἁπάντων ὅσωνπερ καὶ ὁ πόλεμος πεῖραν λαμβάνει.

Hoffnungen; auch kann man es nicht leicht wieder loswerden. (2) Ist es also noch jung, darf dem Käufer aber nicht verborgen bleiben, wie es sich dabei verhält, wenn man ihm die Trense[Z] in den Mund legt oder das Kopfzeug beim Aufzäumen über die Ohren schiebt. Ob hierbei Schwierigkeiten entstehen, wird sich am besten erweisen, wenn vor den Augen des Käufers die Trense eingelegt und wieder herausgenommen wird.

(3) Man muss auch darauf achten, wie es den Reiter auf den Rücken nimmt. Es gibt nämlich viele Pferde, die sich dagegen sträuben, weil sie wissen, dass sie sich anstrengen müssen, wenn der Reiter erst einmal aufsitzt. (4) Man muss auch prüfen, ob es, wenn man aufgestiegen ist, gerne von anderen Pferden weggeht oder ob es, wenn man es von stehenden Pferden wegreiten will, nicht zu diesen durchgeht. Es gibt auch Pferde, die wegen ihrer schlechten Ausbildung sich auf dem Weg nach Hause von den Reitübungen flüchten.

(5) Ob ein Pferd unterschiedlich empfindliche Laden[K] hat, verrät die Reitübung, die man *pede* (Reiten auf dem Zirkel)[W] nennt, noch weit mehr aber das Wechseln der Reitübung. Viele Pferde machen nämlich keine Anstalten zum Durchgehen, wenn nicht die ungute Seite der Laden[K] und der Weg nach Hause zusammenfallen. Wissen muss man auch, ob es sich aus der schnellen Gangart rasch anhalten lässt und ob es umkehren will. (6) Man muss auch erproben, ob es, durch einen Hieb gereizt, ebenso willig gehorcht. Ein ungehorsamer Sklave oder ein ungehorsames Heer sind nämlich recht unbrauchbar, ein ungehorsames Pferd ist aber nicht nur unnütz, sondern richtet oft auch so viel Unheil an wie ein Verräter.

(7) Wenn ein kriegstaugliches Pferd gekauft werden soll, ist erforderlich, es für alle Kriegsfälle zu erproben: Es muss imstande

ἔστι δὲ ταῦτα, τάφρους διαπηδᾶν, τειχία ὑπερβαίνειν, ἐπ' ὄχθους ἀνορούειν, ἀπ' ὄχθων καθάλλεσθαι· καὶ πρὸς ἄναντες δὲ καὶ κατὰ πρανοῦς καὶ πλάγια ἐλαύνοντα πεῖραν λαμβάνειν· πάντα γὰρ ταῦτα καὶ τὴν ψυχὴν εἰ καρτερὰ καὶ τὸ σῶμα εἰ ὑγιὲς δοκιμάζει. (8) οὐ μέντοι τὸν μὴ καλῶς πάνυ ταῦτα ποιοῦντα ἀποδοκιμαστέον. πολλοὶ γὰρ οὐ διὰ τὸ μὴ δύνασθαι, ἀλλὰ διὰ τὸ ἄπειροι εἶναι τούτων ἐλλείπονται. μαθόντες δὲ καὶ ἐθισθέντες καὶ μελετήσαντες καλῶς ἂν ταῦτα πάντα ποιοῖεν, εἴ γ' ἄλλως ὑγιεῖς καὶ μὴ κακοὶ εἶεν. (9) τούς γε μέντοι ὑπόπτας φύσει φυλακτέον. οἱ γὰρ ὑπέρφοβοι βλάπτειν μὲν τοὺς πολεμίους ἀφ' ἑαυτῶν οὐκ ἐῶσι, τὸν δὲ ἀναβάτην ἔσφηλάν τε πολλάκις καὶ εἰς τὰ χαλεπώτατα ἐνέβαλον.

(10) δεῖ δὲ καὶ εἴ τινα χαλεπότητα ἔχοι ὁ ἵππος καταμανθάνειν, εἴτε πρὸς ἵππους εἴτε πρὸς ἀνθρώπους, καὶ εἰ δυσγάργαλίς γε εἴη· πάντα γὰρ ταῦτα χαλεπὰ τοῖς κεκτημένοις γίγνεται. (11) τὰς δέ γε τῶν χαλινώσεων καὶ ἀναβάσεων ἀποκωλύσεις καὶ τἆλλα δὴ νεύματα πολὺ ἂν ἔτι μᾶλλον καταμάθοι τις, εἰ πεπονηκότος ἤδη τοῦ ἵππου πάλιν πειρῷτο ποιεῖν ταὐτὰ ὅσαπερ πρὶν ἄρξασθαι ἱππεύειν. ὅσοι δ' ἂν πεπονηκότες ἐθέλωσι πάλιν ὑποδύεσθαι πόνους ἱκανὰ τεκμήρια παρέχονται ταῦτα ψυχῆς καρτερᾶς.

(12) ὡς δὲ συνελόντι εἰπεῖν, ὅστις εὔπους μὲν εἴη, πρᾷος δέ, ἀρκούντως δὲ ποδώκης, ἐθέλοι δὲ καὶ δύναιτο πόνους ὑποφέρειν, πείθοιτο δὲ μάλιστα, οὗτος ἂν εἰκότως ἀλυπότατός τ' εἴη καὶ σωτηριώτατος τῷ ἀναβάτῃ ἐν τοῖς πολεμικοῖς. οἱ δὲ ἢ διὰ βλακείαν ἐλάσεως πολλῆς δεόμενοι ἢ διὰ τὸ ὑπέρθυμοι

sein, über Gräben zu springen, über kleine Verschanzungen hinwegzusetzen und auf Anhöhen hinauf oder von Anhöhen herabzusteigen. Auch muss man alle dadurch erproben, dass man auf abschüssigem und schiefem Boden reitet. Solche Prüfungen zeigen ja, ob der Charakter belastbar und der Körper ganz gesund sind. (8) Man darf aber auch ein Pferd, das solche Übungen nicht gut beherrscht, nicht gleich verwerfen. Viele können es nicht, weil sie darin noch keine Erfahrung haben, nicht aber, weil sie vielleicht keine Kraft dazu hätten. Wenn sie es aber erst einmal gelernt haben und beherrschen, werden sie das alles gut machen, sofern sie ansonsten gesund und nicht schlecht sind. (9) Vor den von Natur aus Misstrauischen aber muss man sich hüten, denn die allzu Furchtsamen erlauben nicht, dass man auf ihnen den Feinden Schaden zufügt: Sie haben schon oft den Reiter abgeworfen und in die misslichsten Situationen gebracht.

(10) Man muss sich auch beim Kauf möglichst gleich vergewissern, ob das Pferd irgendwelche Unwilligkeiten zeigt, sei es gegen Pferde oder Menschen, und ob es kitzlig ist. All dieses wird ja für den Besitzer sehr lästig. (11) Die Unarten beim Aufzäumen oder Aufsteigen und die übrigen Tücken wird man am besten kennenlernen, wenn man, nachdem das Pferd sich schon angestrengt hat, wieder versucht, dasselbe zu tun, was man getan hat, bevor man zu reiten anfing. Die Pferde, die nach einer Anstrengung sich gerne erneut einer Anstrengung unterziehen, geben hinreichende Beweise eines belastbaren Charakters.

(12) Um kurz zusammenzufassen: Ein Pferd mit guten Beinen, sanftmütig und hinreichend schnellfüßig, das Anstrengungen ertragen kann und will, vor allem aber gehorsam ist, wird dem Reiter erwartungsgemäß beim Einsatz im Krieg am wenigsten Leid zufügen und am meisten zu seinem Erfolg beitragen. Dagegen machen Pferde, die entweder wegen ihrer Trägheit viel Antrieb

εἶναι πολλῆς θωπείας τε καὶ πραγματείας ἀσχολίαν μὲν ταῖς χερσὶ τοῦ ἀναβάτου παρέχουσιν, ἀθυμίαν δ' ἐν τοῖς κινδύνοις.

4 (1) ὅταν γε μὴν ἀγασθεὶς ἵππον πρίηταί τις καὶ οἴκαδε ἀγάγηται, καλὸν μὲν ἐν τοιούτῳ τῆς οἰκίας τὸν σταθμὸν εἶναι ὅπου πλειστάκις ὁ δεσπότης ὄψεται τὸν ἵππον· ἀγαθὸν δὲ οὕτω κατεσκευάσθαι τὸν ἱππῶνα, ὥστε μηδὲν μᾶλλον οἷόν τ' εἶναι τὸν τοῦ ἵππου σῖτον κλαπῆναι ἐκ τῆς φάτνης ἢ τὸν τοῦ δεσπότου ἐκ τοῦ ταμιείου. ὁ δὲ τούτου ἀμελῶν ἐμοὶ μὲν ἑαυτοῦ δοκεῖ ἀμελεῖν· δῆλον γὰρ ὅτι ἐν τοῖς κινδύνοις τὸ αὑτοῦ σῶμα τῷ ἵππῳ ὁ δεσπότης παρακατατίθεται. (2) ἔστι δὲ οὐ μόνον τοῦ μὴ κλέπτεσθαι ἕνεκα τὸν σῖτον ἀγαθὸς ὁ ἐχυρὸς ἱππών, ἀλλ' ὅτι καὶ ὅταν μὴ ἐκκομίζῃ τὸν σῖτον ὁ ἵππος φανερὸν γίγνεται. τούτου δ' ἄν τις αἰσθανόμενος γιγνώσκοι ὅτι ἢ τὸ σῶμα ὑπεραιμοῦν δεῖται θεραπείας ἢ κόπου ἐνόντος δεῖται ἀναπαύσεως, ἢ κριθίασις ἢ ἄλλη τις ἀρρωστία ὑποδύεται. ἔστι δὲ ὥσπερ ἀνθρώπῳ, οὕτω καὶ ἵππῳ ἀρχόμενα πάντα εὐιατότερα ἢ ἐπειδὰν ἐνσκιρωθῇ τε καὶ ἐξαμαρτηθῇ τὰ νοσήματα.

(3) ὥσπερ δὲ τοῦ ἵππου σίτου τε καὶ γυμνασίων ἐπιμελητέον, ὅπως ἂν τὸ σῶμα ἰσχύῃ, οὕτω καὶ τοὺς πόδας ἀσκητέον. τὰ μὲν τοίνυν ὑγρά τε καὶ λεῖα τῶν σταθμῶν λυμαίνεται καὶ ταῖς εὐφυέσιν ὁπλαῖς· τὰ δέ, ὡς μὲν μὴ ὑγρὰ εἶναι, ἀπόρρυτα, ὡς δὲ μὴ λεῖα, λίθους ἔχοντα κατορωρυγμένους, προσαλλήλους, παραπλησίους ὁπλαῖς τὸ μέγεθος <...> τὰ γὰρ τοιαῦτα σταθμὰ <...> καὶ ἐφεστηκότων ἅμα στερεοῖ τοὺς πόδας. (4) ἔπειτά γε μὴν τῷ ἱπποκόμῳ ἐξακτέον μὲν τὸν ἵππον ὅπου ψήξει, μεταδετέον

nötig haben oder wegen ihrer Hitzigkeit vieler Schmeicheleien und Besänftigungen bedürfen, dem Reiter mit den Händen Mühe, bieten aber keine Unterstützung bei den Risiken.

Stall und Pflege

4 (1) Wenn jemandem nun ein Pferd gefällt, er es gekauft hat und nach Hause führt, ist es gut, wenn der Stall in einem solchen Teil des Hauses liegt, wo der Herr das Pferd öfters sehen kann. Gut ist es auch, wenn der Stand so eingerichtet ist, dass es ebenso unmöglich ist, das Futter des Pferdes aus der Krippe zu stehlen wie die Nahrung des Herrn aus der Vorratskammer. Wer dies vernachlässigt, scheint mir damit sich selbst zu vernachlässigen, denn es ist offenbar, dass der Herr in den Gefahren ja seinen Körper dem Pferd anvertraut. (2) Ein gut gesicherter Stand ist nicht nur deswegen anzulegen, damit das Futter nicht gestohlen wird, sondern auch, damit man sieht, wenn das Pferd das Futter hinauswirft. Wenn man dies bemerkt, dürfte man wissen, dass entweder der Körper zu viel Blut hat und der Heilung bedarf oder aber das Pferd ermüdet ist, also Ruhe braucht. Auch kann eine Krankheit die Ursache sein, etwa die *krithiasis*[P]. Wie beim Menschen sind auch beim Pferd alle Krankheiten im Anfangsstadium leichter zu kurieren, als wenn sie sich schon verhärtet haben und falsch behandelt wurden.

(3) Wie man beim Pferd für Futter und Training sorgen muss, damit der Körper stark bleibt, so muss man auch die Füße üben. Feuchtigkeit und Glätte der Ställe schaden auch Hufen von guter Naturanlage. Damit sie nicht feucht sind, soll man sie am besten etwas abschrägen, und um die Glätte zu vermeiden, den Boden mit Steinen in der Größe der Hufe pflastern <…>, denn solche Standplätze <…> und festigt zugleich die Füße der darauf stehenden (Pferde). (4) Sodann muss der Reitknecht das Pferd außerhalb des Stalles an einen Ort führen, wo er es striegelt. Auch

δὲ μετὰ τὸ ἄριστον ἀπὸ τῆς φάτνης, ἵν' ἥδιον ἐπὶ τὸ δεῖπνον ἴῃ. ὧδε δ' ἂν αὖ ὁ ἔξω σταθμὸς βέλτιστος εἴη καὶ τοὺς πόδας καρτερύνοι, εἰ λίθων στρογγύλων ἀμφιδόχμων ὅσον μναιαίων ἁμάξας τέτταρας καὶ πέντε χύδην καταβάλοι, περιχειλώσας σιδήρῳ, ὡς ἂν μὴ σκεδαννύωνται· ἐπὶ γὰρ τούτων ἑστηκὼς ὥσπερ ἐν ὁδῷ λιθώδει ἀεὶ μέρος τι τῆς ἡμέρας πορεύοιτο ἄν· (5) ἀνάγκη δὲ καὶ ψηχόμενον καὶ μυωπιζόμενον χρῆσθαι ταῖς ὁπλαῖς καθάπερ ὅταν βαδίζῃ. καὶ τὰς χελιδόνας δὲ τῶν ποδῶν οἱ οὕτω κεχυμένοι λίθοι στερεοῦσιν.

ὡς δὲ περὶ τῶν ὁπλῶν ὅπως στερεαὶ ἔσονται ἐπιμελητέον, οὕτω καὶ τὰ περὶ τὸ στόμα αὖ ὅπως μαλακὰ ἔσται ἐπιμελεῖσθαι δεῖ. τὰ δ' αὐτὰ ἀνθρώπου τε σάρκα καὶ ἵππου στόμα ἁπαλύνει.

5 (1) ἱππικοῦ δὲ ἀνδρὸς ἡμῖν δοκεῖ εἶναι καὶ τὸν ἱπποκόμον πεπαιδευκέναι ἃ δεῖ περὶ τὸν ἵππον πράττειν. πρῶτον μὲν τοίνυν τῆς ἐπιφατνιδίας φορβειᾶς ἐπίστασθαι αὐτὸν δεῖ μήποτε τὸ ἅμμα ποιεῖσθαι ἔνθαπερ ἡ κορυφαία περιτίθεται. πολλάκις γὰρ κνῶν ὁ ἵππος ἐπὶ τῇ φάτνῃ τὴν κεφαλήν, εἰ μὴ ἀσινὴς ἡ φορβειὰ περὶ τὰ ὦτα ἔσται, πολλάκις ἂν ἕλκη ποιοίη. ἑλκουμένων γε μὴν τούτων ἀνάγκη τὸν ἵππον καὶ περὶ τὸ χαλινοῦσθαι καὶ περὶ τὸ ψήχεσθαι δυσκολώτερον εἶναι.

(2) ἀγαθὸν δὲ καὶ τὸ τετάχθαι τῷ ἱπποκόμῳ καθ' ἡμέραν τὴν κόπρον καὶ τὰ ὑποστρώματα τοῦ ἵππου ἐκφέρειν εἰς ἓν χωρίον. τοῦτο γὰρ ποιῶν αὐτός τ' ἂν ῥᾷστα ἀπαλλάττοι καὶ ἅμα τὸν ἵππον ὠφελοίη.

soll er es nach dem Frühstück[K] von der Krippe wegbinden, damit es (später) williger zur Hauptmahlzeit[K] gehe. Auch dieser Platz vor dem Stall wird dann am besten eingerichtet sein und die Füße stark machen, wenn man vier oder fünf Wagen voll runder, faustgroßer, etwa eine Mine[G] schwerer Kieselsteine hinschüttet und mit Eisenkanten einfasst, damit sie nicht zerstreut werden. Wenn nämlich (das Pferd) auf diesen steht, wird es gleichsam immer für einen Teil des Tages auf einem steinigen Weg gehen. (5) Es muss ja, wenn es gestriegelt wird oder die Bremsen abwehrt, notwendig die Hufe gebrauchen, wie wenn es geht. Auch werden auf den so hingeschütteten Kieselsteinen die »Schwalben« (Hufsohlen)[K] der Füße hart und fest.

Wie man für die Hufe sorgen muss, dass sie hart werden, muss man für den Mund sorgen, um ihn weich zu erhalten. Dieselben Mittel machen das Fleisch (und die Haut) des Menschen ebenso wie den Pferdemund elastisch.

Aufgaben des Reitknechts

5 (1) Ein erfahrener Reitersmann muss auch, wie uns scheint, vorher den Reitknecht instruieren, was er bei dem Pferd zu tun hat. Er muss zuerst wissen, dass man den Knoten des Krippenhalfters[Z] nie da macht, wo das Kopfzeug[Z] angelegt wird. Das Pferd bewegt ja vor der Krippe seinen Kopf oft hin und her; so wird der Halfter, wenn er nicht glatt hinter den Ohren liegt, oft Geschwüre verursachen. Wenn es aber Geschwüre gibt, wird das Pferd beim Aufzäumen und beim Striegeln notwendigerweise unruhiger sein.

(2) Gut ist auch, den Reitknecht anzuweisen, jeden Tag den Mist und die Streu des Pferdes an einen (anderen) Ort zu schaffen, denn wenn er dies tut, wird er selbst mit seiner Arbeit leichter fertig werden und auch zugleich dem Pferd nützen.

(3) εἰδέναι δὲ χρὴ τὸν ἱπποκόμον καὶ τὸν κημὸν περιτιθέναι τῷ ἵππῳ, καὶ ὅταν ἐπὶ ψῆξιν καὶ ὅταν ἐπὶ καλίστραν ἐξάγῃ. καὶ ἀεὶ δὲ ὅποι ἂν ἀχαλίνωτον ἄγῃ κημοῦν δεῖ. ὁ γὰρ κημὸς ἀναπνεῖν μὲν οὐ κωλύει, δάκνειν δὲ οὐκ ἐᾷ· καὶ τὸ ἐπιβουλεύειν δὲ περικείμενος μᾶλλον ἐξαιρεῖ τῶν ἵππων·

(4) καὶ μὴν δεσμεύειν τὸν ἵππον ἄνωθεν τῆς κεφαλῆς δεῖ· πάντα γὰρ ὁπόσα ἂν δύσκολ᾽ ᾖ περὶ τὸ πρόσωπον ὁ ἵππος ἐκνεύειν πέφυκεν ἄνω· ἐκνεύων γε μὴν οὕτω δεδεμένος χαλᾷ μᾶλλον ἢ διασπᾷ τὰ δεσμά.

(5) ἐπειδὰν δὲ ψήχῃ, ἄρχεσθαι μὲν ἀπὸ τῆς κεφαλῆς καὶ τῆς χαίτης· μὴ γὰρ καθαρῶν τῶν ἄνω ὄντων μάταιον τὰ κάτω καθαίρειν. ἔπειτα δὲ κατὰ μὲν τὸ ἄλλο σῶμα πᾶσι τοῖς τῆς καθάρσεως ὀργάνοις ἀνιστάντα δεῖ τὴν τρίχα σοβεῖν τὴν κόνιν κατὰ φύσιν τῆς τριχός· τῶν δ᾽ ἐν τῇ ῥάχει τριχῶν ἄλλῳ μὲν ὀργάνῳ οὐδενὶ δεῖ ἅπτεσθαι, ταῖς δὲ χερσὶ τρίβειν καὶ ἁπαλύνειν ᾗπερ φύσει κέκλινται· ἥκιστα γὰρ ἂν βλάπτοι τὴν ἕδραν τοῦ ἵππου. (6) ὕδατι δὲ καταπλύνειν τὴν κεφαλὴν χρή· ὀστώδης γὰρ οὖσα, εἰ σιδήρῳ ἢ ξύλῳ καθαίροιτο, λυποῖ ἂν τὸν ἵππον. καὶ τὸ προκόμιον δὲ χρὴ βρέχειν· καὶ γὰρ αὗται εὐμήκεις οὖσαι αἱ τρίχες ὁρᾶν μὲν οὐ κωλύουσι τὸν ἵππον, ἀποσοβοῦσι δὲ ἀπὸ τῶν ὀφθαλμῶν τὰ λυποῦντα. καὶ τοὺς θεοὺς δὲ οἴεσθαι χρὴ δεδωκέναι ταύτας τὰς τρίχας ἵππῳ ἀντὶ τῶν μεγάλων ὤτων ἃ ὄνοις τε καὶ ἡμιόνοις ἔδοσαν ἀλεξητήρια πρὸ τῶν ὀμμάτων. (7) καὶ οὐρὰν δὲ καὶ χαίτην πλύνειν χρή, ἐπείπερ αὔξειν δεῖ τὰς

(3) Der Reitknecht muss es auch verstehen, dem Pferd den Beißkorb[Z] anzulegen, und dies sowohl wenn er es zum Striegeln als auch wenn er es auf den Wälzplatz hinausführt.[P] Überall, wohin er es ungezäumt führen will, muss er ihm stets den Beißkorb anlegen, denn der Beißkorb hindert es nicht zu atmen, lässt es aber nicht zubeißen. So nimmt er den Pferden eher die Möglichkeit, sich tückisch zu benehmen.

(4) Anbinden[Z] muss er das Pferd oberhalb des Kopfes, denn alles, was im Gesicht unbequem ist, schüttelt das Pferd seiner Natur gemäß nach oben ab. Versucht es nun, auf diese Art angebunden, die Halfter abzuschütteln, macht es die Bande eher lockerer, als dass es sie zerreißt.

(5) Wenn (der Reitknecht) das Pferd striegelt[P], muss er beim Kopf und bei der Mähne anfangen, denn wenn die oberen Körperteile nicht rein sind, ist es vergeblich, die unteren zu reinigen. Am ganzen übrigen Körper muss er die Haare mit allen Reinigungswerkzeugen aufrichten und den Staub abfegen, und zwar nicht in der natürlichen Richtung der Haare, sondern gegen den Strich. Die Haare über dem Rückgrat darf er hingegen nicht mit einem Werkzeug berühren, sondern nur mit den Händen reiben und glätten, diesmal mit dem Strich, denn so wird er der Aufsitzstelle[K] des Pferdes am wenigsten schaden. (6) Den Kopf muss er mit Wasser waschen. Da er knochig ist, würde er, wenn er mit Eisen oder Holz gereinigt würde, dem Pferd weh tun. Auch den Schopf muss er benetzen, denn wenn diese Haare auch sehr lang sind und man durch Wasser ihr Wachstum fördern kann, hindern sie das Pferd doch nicht am Sehen, sondern halten alles ab, was seinen Augen schädlich ist. Man muss nämlich wissen, dass die Götter dem Pferd diese Haare statt der großen Ohren gegeben haben, ebenso den Eseln und Mautieren als Schutzmittel für die Augen. (7) Auch den Schweif und die Mähne muss man

τρίχας, τὰς μὲν ἐν τῇ οὐρᾷ, ὅπως ἐπὶ πλεῖστον ἐξικνούμενος ἀποσοβῆται ὁ ἵππος τὰ λυποῦντα, τὰς δὲ ἐν τῷ τραχήλῳ, ὅπως τῷ ἀναβάτῃ ὡς ἀφθονωτάτη ἀντίληψις ᾖ. (8) δέδοται δὲ παρὰ θεῶν καὶ ἀγλαΐας ἕνεκεν ἵππῳ χαίτη, καὶ προκόμιον δὲ καὶ οὐρά. τεκμήριον δέ· αἱ γὰρ ἀγελαῖαι τῶν ἵππων οὐχ ὁμοίως ὑπομένουσι τοὺς ὄνους ἐπὶ τῇ ὀχείᾳ ἕως ἂν κομῶσιν· οὗ ἕνεκα καὶ ἀποκείρουσι πρὸς τὴν ὀχείαν τὰς ἵππους ἅπαντες οἱ ὀνοβατοῦντες.

(9) τήν γε μὴν τῶν σκελῶν κατάπλυσιν ἀφαιροῦμεν· ὠφελεῖ μὲν γὰρ οὐδέν, βλάπτει δὲ τὰς ὁπλὰς ἡ καθ' ἑκάστην ἡμέραν βρέξις. καὶ τὴν ὑπὸ γαστέρα δὲ ἄγαν κάθαρσιν μειοῦν χρή· αὕτη γὰρ λυπεῖ μὲν μάλιστα τὸν ἵππον, ὅσῳ δ' ἂν καθαρώτερα ταῦτα γένηται, τοσούτῳ πλείω τὰ λυποῦντα ἀθροίζει ὑπὸ τὴν γαστέρα· (10) ἢν δὲ καὶ πάνυ διαπονήσηταί τις ταῦτα, οὐ φθάνει τ' ἐξαγόμενος ὁ ἵππος καὶ εὐθὺς ὅμοιός ἐστι τοῖς ἀκαθάρτοις. ταῦτα μὲν οὖν ἐᾶν χρή· ἀρκεῖ δὲ καὶ ἡ τῶν σκελῶν ψῆξις αὐταῖς ταῖς χερσὶ γιγνομένη.

6 (1) δηλώσομεν δὲ καὶ τοῦτο, ὡς ἂν ἀβλαβέστατα μέν τις ἑαυτῷ, τῷ δ' ἵππῳ ὠφελιμώτατα τὰ πρόσθεν ψήχοι. ἢν μὲν γὰρ ἐς τὸ αὐτὸ βλέπων τῷ ἵππῳ καθαίρῃ, κίνδυνος καὶ τῷ γόνατι καὶ τῇ ὁπλῇ εἰς τὸ πρόσωπον πληγῆναι· (2) ἢν δὲ ἀντία τῷ ἵππῳ ὁρῶν καὶ ἔξω τοῦ σκέλους, ὅταν καθαίρῃ, κατὰ τὴν ὠμοπλάτην καθίζων ἀποτρίβῃ, οὕτω πάθοι μὲν ἂν οὐδέν, δύναιτο δ' ἂν καὶ

waschen, damit die Haare wachsen: die am Schweif, damit das Pferd möglichst weit mit ihnen reichen kann, um das, was ihm weh tut, zu vertreiben, und die am Hals, damit (der Reiter) einen möglichst reichlichen Anhalt beim Aufsitzen zum Festhalten zur Verfügung hat. (8) Von den Göttern aber sind dem Pferd Mähne, Schopf und Schweif auch als Schmuck verliehen worden. Hierfür folgender Beweis: Die Pferdestuten lassen beim Bespringen Eselhengste nicht mehr ebenso wie Pferdehengste zu, sobald sie selbst langes Haar haben (auf das sie dann stolz sind)[P]. Deswegen schert man bei der Maultierzucht alle Stuten, die man von Eselhengsten decken lassen will.

(9) Das Waschen der Schenkel empfehlen wir hingegen nicht, denn es nützt nichts, ja die tägliche Befeuchtung schadet den Hufen. Auch allzu vieles Reinigen unten am Bauch sollte man vermeiden, denn dies tut dem Pferd am meisten weh, und je reiner und sauberer diese Teile werden, desto mehr sammelt sich unten am Bauch Ungeziefer an. (10) Wenn man eine Reinigung noch so gründlich vornimmt, wird das Pferd doch, kaum (in den Stall) zurückgeführt, gleich wieder so aussehen wie die nicht Gereinigten. Das ist also zu unterlassen; es genügt völlig, wenn das Striegeln der Schenkel bloß mit den Händen geschieht.

6 (1) Wir wollen noch berichten, wie man mit dem geringsten Nachteil für sich und mit dem größten Nutzen für das Pferd striegeln kann.[P] Man soll sich nicht so stellen, dass man in dieselbe Richtung blickt wie das Pferd, denn dabei besteht die Gefahr, dass man von dem Knie und dem Huf des Tieres ins Gesicht geschlagen wird. (2) Wenn man dagegen in die dem Pferd entgegengesetzte Richtung blickt und sich beim Reinigen außerhalb (der Reichweite) des Pferdebeins an der Schulter niederduckt, wenn man reinigt, wird man keinen Schaden erleiden und auch die »Schwalbe« (Hufsohle)[K] des Pferdes pflegen können, indem

τὴν χελιδόνα τοῦ ἵππου θεραπεύειν ἀναπτύσσων τὴν ὁπλήν. ὡς δ' αὕτως καὶ τὰ ὄπισθεν σκέλη καθαιρέτω. (3) εἰδέναι δὲ χρὴ τὸν περὶ τὸν ἵππον ὅτι καὶ ταῦτα καὶ τἆλλα πάντα ὅσα πράττειν δεῖ ὡς ἥκιστα χρὴ κατὰ τὸ πρόσωπόν τε καὶ οὐρὰν ἀντίον ἑαυτὸν ποιήσαντα προσιέναι· ἢν γὰρ ἐπιχειρῇ ἀδικεῖν, κατ' ἀμφότερα ταῦτα κρείττων ὁ ἵππος ἀνθρώπου. ἐκ πλαγίου δ' ἄν τις προσιὼν ἀβλαβέστατα μὲν ἑαυτῷ, πλεῖστα δ' ἂν ἵππῳ δύναιτο χρῆσθαι.

(4) ἐπειδὰν δὲ ἄγειν δέῃ τὸν ἵππον, τὴν μὲν ὄπισθεν ἀγωγὴν διὰ τάδε οὐκ ἐπαινοῦμεν, ὅτι τῷ μὲν ἄγοντι οὕτως ἥκιστα ἔστι φυλάξασθαι, τῷ δὲ ἵππῳ οὕτως μάλιστα ἔξεστι ποιῆσαι ὅ τι ἂν βούληται. (5) τὸ δ' αὖ ἔμπροσθεν μακρῷ τῷ ἀγωγεῖ προϊόντα διδάσκειν ὑφηγεῖσθαι τὸν ἵππον διὰ τάδε αὖ ψέγομεν· ἔξεστι μὲν γὰρ τῷ ἵππῳ καθ' ὁπότερ' ἂν βούληται τῶν πλαγίων κακουργεῖν, ἔξεστι δὲ ἀναστρεφόμενον ἀντίον γίγνεσθαι τῷ ἄγοντι. (6) ἀθρόοι δὲ δὴ ἵπποι πῶς ἄν ποτε ἀλλήλων δύναιντο ἀπέχεσθαι οὕτως ἀγόμενοι; ἐκ πλαγίου δὲ ἵππος ἐθισθεὶς παράγεσθαι ἥκιστα μὲν ἂν καὶ ἵππους καὶ ἀνθρώπους δύναιτ' ἂν κακουργεῖν, κάλλιστα δ' ἂν παρεσκευασμένος τῷ ἀναβάτῃ εἴη καὶ εἴ ποτε ἐν τάχει ἀναβῆναι δεήσειεν.

(7) ἵνα δὲ ὁ ἱπποκόμος καὶ τὸν χαλινὸν ὀρθῶς ἐμβάλῃ, πρῶτον μὲν προσίτω κατὰ τὰ ἀριστερὰ τοῦ ἵππου· ἔπειτα τὰς μὲν ἡνίας περιβαλὼν περὶ τὴν κεφαλὴν καθέτω ἐπὶ τῇ ἀκρωμίᾳ, τὴν δὲ κορυφαίαν τῇ δεξιᾷ αἱρέτω, τὸ δὲ στόμιον τῇ ἀριστερᾷ προσφερέτω. (8) κἂν μὲν δέχηται, δῆλον ὅτι περιτιθέναι δεῖ τὸν κεκρύφαλον· ἐὰν δὲ μὴ ὑποχάσκῃ, ἔχοντα δεῖ πρὸς τοῖς ὀδοῦσι τὸν χαλινὸν τὸν μέγαν δάκτυλον τῆς ἀριστερᾶς χειρὸς εἴσω τῆς γνάθου τῷ ἵππῳ ποιῆσαι. οἱ γὰρ πολλοὶ τούτου γιγνομένου χαλῶσι τὸ στόμα. ἢν δὲ μηδ' οὕτω δέχηται, πιεσάτω τὸ χεῖλος

man den Huf heraufbiegt. Ebenso muss man auch die hinteren Schenkel reinigen. (3) Der Pferdepfleger sollte auch wissen, dass er (beim Pflegen) an das Pferd bei diesen und allen anderen Verrichtungen so wenig wie möglich direkt von vorne beim Gesicht und auch nicht direkt von hinten beim Schweif (an das Pferd) herantreten darf. Wenn das Pferd nämlich Schaden zu verursachen versucht, wird es nach diesen beiden Seiten stärker als der Mensch sein. Geht er von der Seite heran, wird er ganz ohne Nachteil für sich und auch zum Besten des Pferdes seine Arbeit verrichten können.

(4) Soll das Pferd geführt werden, ist das Hintersichherzerren durchaus falsch, weil es so dem Führenden unmöglich ist, sich in Acht zu nehmen, und weil das Pferd alle Freiheit hat, zu tun, was es will. (5) In gleicher Weise soll man ein Pferd auch nicht an einem langen Leitseil vor sich hertreiben, denn dann kann das Pferd nach beiden Seiten hin Schaden anrichten. Es ist ihm auch möglich, sich umzudrehen und dem Führenden entgegenzulaufen. (6) Und wie würden mehrere Pferde sich voneinander fernhalten lassen, wenn man sie derartig führen würde? Ist ein Pferd daran gewöhnt, an seiner Seite geführt zu werden, wird es Pferden und Menschen am wenigsten Schaden zufügen können. Auch für den Reiter ist es so am zweckmäßigsten, wenn er schnell aufsitzen muss.

(7) Damit der Reitknecht das Zaumzeug[Z] richtig anlegt, gehe er auf die linke Seite des Pferdes, werfe dann den Zügel über den Kopf und lege ihn auf den Widerrist. Das Kopfzeug nehme er in die rechte Hand, das Mundstück (der Trense)[Z] aber in die linke. (8) Wenn (das Pferd) diese annimmt, muss er offenbar auf den Stirnriemen achten. Wenn es den Mund nicht öffnen will, muss er die Trense vor die Zähne halten und den Daumen der linken Hand in die Lade[K] drücken. Die meisten (Pferde) öffnen dann schon den Mund. Sollte das aber doch nicht genügen, drücke er

περὶ τῷ κυνόδοντι· καὶ πάνυ τινὲς ὀλίγοι οὐ δέχονται τοῦτο πάσχοντες.

(9) δεδιδάχθω δὲ καὶ τάδε ὁ ἱπποκόμος, πρῶτον μὲν μήποτε ἄγειν τῆς ἡνίας τὸν ἵππον· τοῦτο γὰρ ἑτερογνάθους ποιεῖ· ἔπειτα δὲ ὅσον δεῖ ἀπέχειν τὸν χαλινὸν τῶν γνάθων. ὁ μὲν γὰρ ἄγαν πρὸς αὐταῖς τυλοῖ τὸ στόμα, ὥστε μὴ εὐαίσθητον εἶναι, ὁ δὲ ἄγαν εἰς ἄκρον τὸ στόμα καθιέμενος ἐξουσίαν παρέχει συνδάκνοντι τὸ στόμιον μὴ πείθεσθαι. (10) χρὴ δὲ τὸν ἱπποκόμον καὶ τὰ τοιάδε παρατηρεῖν, εἰ μὴ ῥᾳδίως τὸν χαλινὸν ὁ ἵππος δέχεται, αἰσθανόμενος ὅτι δεῖ πονεῖν. οὕτω γὰρ δὴ μέγα ἐστὶ τὸ λαμβάνειν ἐθέλειν τὸν ἵππον τὸν χαλινὸν ὡς ὁ μὴ δεχόμενος παντάπασιν ἄχρηστος. (11) ἢν δὲ μὴ μόνον ὅταν πονεῖν μέλλῃ χαλινῶται, ἀλλὰ καὶ ὅταν ἐπὶ τὸν σῖτον καὶ ὅταν ἐξ ἱππασίας εἰς οἶκον ἀπάγηται, οὐδὲν ἂν εἴη θαυμαστὸν εἰ ἁρπάζοι τὸν χαλινὸν αὐτόματος προτεινόμενον.

(12) ἀγαθὸν δὲ τὸν ἱπποκόμον καὶ ἀναβάλλειν ἐπίστασθαι τὸν Περσικὸν τρόπον, ὅπως αὐτός τε ὁ δεσπότης, ἥν ποτε ἀρρωστήσῃ ἢ πρεσβύτερος γένηται, ἔχῃ τὸν εὐπετῶς ἀναβιβάσοντα καὶ ἄλλῳ ἥν τινι βούληται τὸν ἀναβαλοῦντα ἐπιχαρίσηται.

(13) τὸ δὲ μήποτε σὺν ὀργῇ ἵππῳ προσφέρεσθαι, ἓν τοῦτο καὶ δίδαγμα καὶ ἔθισμα πρὸς ἵππον ἄριστον. ἀπρονόητον γὰρ ἡ ὀργή, ὥστε πολλάκις ἐξεργάζεται ὧν μεταμέλειν ἀνάγκη. (14) καὶ ὅταν δὲ ὑποπτεύσας τι ὁ ἵππος μὴ θέλῃ πρὸς τοῦτο προσιέναι, διδάσκειν δεῖ ὅτι οὐ δεινόν ἐστι μάλιστα μὲν οὖν ἵππῳ εὐκαρδίῳ,

die Lippenhaut auf den Hundszahn (Hakenzahn); nur ganz wenige nehmen die Trense nicht an, wenn man so mit ihnen verfährt.

(9) Dem Reitknecht ist auch einzuschärfen, das Pferd beim Führen nie am Zügel[Z] zu zerren – dies macht die Laden[K] ja unterschiedlich empfindlich –, sondern die Zügel so weit wie möglich von den Laden entfernt zu halten. Wenn das Mundstück zu hoch liegt, macht es den Mund dick und hart (und damit unempfindlich). Wenn es hingegen locker bis an die Mundspitze herabhängt, besteht für das Pferd die andere Möglichkeit, nämlich auf das Mundstück zu beißen und dadurch ungehorsam zu werden. (10) Es muss der Reitknecht auch darauf achten, ob das Pferd die Trense nicht leicht annimmt, und dann bemerken, was zu tun ist. Es ist nämlich etwas Wichtiges, dass das Pferd die Trense annimmt, da eines, das dies nicht tut, ganz und gar unbrauchbar ist. (11) Wenn man es also nicht nur dann aufzäumt, wenn es sich anstrengen soll, sondern auch dann, wenn man es zum Futter in den Stall führt oder nach einer Reitübung wieder nach Hause reitet, wird man sich nicht wundern, wenn es die Trense von sich aus gerne, ja mit Ungestüm verlangt, sobald man sie ihm vorhält.

(12) Gut ist auch, wenn der Reitknecht seinen Herrn nach persischer Art auf das Pferd zu setzen versteht.[Z] Wenn der Herr nämlich einmal krank oder schon älter ist, hat er so jemanden, der ihm hilft, wenn er auf das Pferd steigen will.

(13) Niemals ein Pferd im Zorn behandeln ist zugunsten eines Pferdes die einmalig beste Lehre und Gewohnheit. Es ist etwas Unbedachtsames um den Zorn, dass er oft etwas bewirkt, was man später bereuen muss. (14) Wenn ein Pferd vor etwas scheut und nicht darauf zugehen will, soll man es belehren, dass dies nichts Furchtbares ist. Das gilt besonders bei einem ängstlichen Pferd. Anderenfalls muss man selbst das berühren, was (dem

εἰ δὲ μή, ἁπτόμενον αὐτὸν τοῦ δεινοῦ δοκοῦντος εἶναι καὶ τὸν ἵππον πρᾴως προσάγοντα. (15) οἱ δὲ πληγαῖς ἀναγκάζοντες ἔτι πλείω φόβον παρέχουσιν· οἴονται γὰρ οἱ ἵπποι, ὅταν τι χαλεπὸν πάσχωσιν ἐν τῷ τοιούτῳ, καὶ τούτου τὰ ὑποπτευόμενα αἴτια εἶναι.

(16) ἐπειδάν γε μὴν ὁ ἱπποκόμος τὸν ἵππον παραδῷ τῷ ἀναβάτῃ, τὸ μὲν ἐπίστασθαι ὑποβιβάζεσθαι τὸν ἵππον, ὥστε εὐπετὲς εἶναι ἀναβῆναι, οὐ μεμφόμεθα· τόν γε μέντοι ἱππέα νομίζομεν χρῆναι μελετᾶν καὶ μὴ παρέχοντος ἵππου δύνασθαι ἀναβαίνειν. ἄλλοτε μὲν γὰρ ἀλλοῖος ἵππος παραπίπτει, ἄλλοτε δ' ἄλλως ὁ αὐτὸς ὑπηρετεῖ.

7 (1) ὅταν γε μὴν παραδέξηται τὸν ἵππον ὡς ἀναβησόμενος, νῦν αὖ γράψομεν ὅσα ποιῶν ὁ ἱππεὺς καὶ ἑαυτῷ καὶ τῷ ἵππῳ ὠφελιμώτατος ἂν ἐν τῇ ἱππικῇ εἴη. πρῶτον μὲν τοίνυν τὸν ῥυταγωγέα χρὴ ἐκ τῆς ὑποχαλινιδίας ἢ ἐκ τοῦ ψαλίου ἠρτημένον εὐτρεπῆ εἰς τὴν ἀριστερὰν χεῖρα λαβεῖν, καὶ οὕτω χαλαρὸν ὡς μήτ' ἂν ἀνιὼν τῶν τριχῶν παρὰ τὰ ὦτα λαβόμενος μέλλῃ ἀναβήσεσθαι μήτ' ἂν ἀπὸ δόρατος ἀναπηδᾷ, σπᾶν τὸν ἵππον. τῇ δεξιᾷ δὲ τὰς ἡνίας παρὰ τὴν ἀκρωμίαν λαμβανέτω ὁμοῦ τῇ χαίτῃ, ὅπως μηδὲ καθ' ἕνα τρόπον ἀναβαίνων σπάσῃ τῷ χαλινῷ τὸ στόμα τοῦ ἵππου. (2) ἐπειδὰν δὲ ἀνακουφίσῃ ἑαυτὸν εἰς τὴν ἀνάβασιν, τῇ μὲν ἀριστερᾷ ἀνιμάτω τὸ σῶμα, τὴν δὲ δεξιὰν ἐκτείνων συνεπαιρέτω ἑαυτόν· οὕτω γὰρ ἀναβαίνων οὐδὲ ὄπισθεν αἰσχρὰν θέαν παρέξει συγκεκαμμένῳ τῷ σκέλει, καὶ μηδὲ τὸ γόνυ ἐπὶ τὴν ῥάχιν τοῦ τιθέτω ἵππου, ἀλλ' ὑπερβησάτω ἐπὶ τὰς δεξιὰς πλευρὰς τὴν κνήμην. ὅταν δὲ περιενέγκῃ τὸν πόδα, τότε καὶ τὼ γλουτὼ καθέτω ἐπὶ τὸν ἵππον.

Pferd) so furchtbar erscheint, und dann das Pferd durch sanfte Behandlung auch herbeiführen. (15) Diejenigen aber, die es mit Schlägen zwingen wollen, machen ihm noch mehr Angst, denn die Pferde glauben dann, wenn sie bei solchen Dingen eine harte Behandlung erfahren, dass das, wovor sie scheuen, daran schuld sei.

(16) Wenn der Reitknecht dem Reiter das Pferd übergibt, ist es nicht zu kritisieren, wenn das Pferd sich so zu untersetzen versteht, dass man leicht aufsitzen kann.[Z] Wir glauben allerdings, dass der Reiter üben muss, auch für den Fall, dass ein Pferd nichts dazu beiträgt, aufsteigen zu können. Sonst nämlich wirft ihn einmal ein Pferd ab, ein andermal aber hilft dassselbe Pferd.

Reiten in der Reitbahn

7 (1) Nachdem der Reiter nun das Pferd bekommen hat, um aufzusitzen, wollen wir beschreiben, was er zu tun hat, um sich und dem Pferd beim Reiten am angenehmsten zu sein. Zuerst die Zügelführung[Z]: Er nehme den Zügelriemen, der am Kinnriemen oder am Nasenriemen befestigt ist, geschickt in die linke Hand, aber so locker, dass er nicht beim Aufsteigen in die Haare bei den Ohren greift, wenn er hochsteigen will, und auch nicht, wenn er vom Speer aus hinaufspringt, das Pferd reißt. Mit der rechten Hand aber nehme er die Zügel[Z] zugleich mit der Mähne am Widerrist[K], damit er das Pferd auf keine Weise reißt, wenn er aufsteigt. (2) Wenn er sich nun zum Aufsitzen emporgeschwungen hat, ziehe er mit der linken Hand seinen Körper in die Höhe, und, indem er die rechte ausstreckt, hebe er sich gleichzeitig hinauf. Wenn er so aufsitzt, wird er auch von hinten keinen schändlichen Anblick bieten.[Z] Mit gebeugtem Unterschenkel setze er nicht erst das Knie auf das Rückgrat des Pferdes, sondern werfe das Schienbein gleich auf die rechte Seite hinüber, und wenn er seinen Fuß hinübergeschwungen hat, setze er auch seine Hinterbacken auf das Pferd.

(3) ἢν δὲ τύχῃ ὁ ἱππεὺς τῇ μὲν ἀριστερᾷ ἄγων τὸν ἵππον, τῇ δὲ δεξιᾷ τὸ δόρυ ἔχων, ἀγαθὸν μὲν ἡμῖν δοκεῖ εἶναι τὸ καὶ ἐκ τῶν δεξιῶν μελετῆσαι ἀναπηδᾶν. μαθεῖν δ' οὐδὲν δεῖ ἄλλο ἢ ἃ μὲν τότε τοῖς δεξιοῖς τοῦ σώματος ἐποίει τοῖς ἀριστεροῖς ποιεῖν, ἃ δὲ τότε τοῖς ἀριστεροῖς τοῖς δεξιοῖς. (4) τούτου δ' ἕνεκεν καὶ ταύτην ἐπαινοῦμεν τὴν ἀνάβασιν, ὅτι ἅμα τε ἀναβεβηκὼς ἂν εἴη καὶ κατεσκευασμένος πάντα, εἴ τι δέοι ἐξαίφνης πρὸς πολεμίους ἀγωνίζεσθαι. (5) ἐπειδάν γε μὴν καθέζηται ἐάν τε ἐπὶ ψιλοῦ ἐάν τε ἐπὶ τοῦ ἐφιππίου, οὐ τὴν ὥσπερ ἐπὶ τοῦ δίφρου ἕδραν ἐπαινοῦμεν, ἀλλὰ τὴν ὥσπερ εἰ ὀρθὸς ἂν διαβεβηκὼς εἴη τοῖν σκελοῖν. τοῖν τε γὰρ μηροῖν οὕτως ἂν ἔχοιτο μᾶλλον τοῦ ἵππου, καὶ ὀρθὸς ὢν ἐρρωμενεστέρως ἂν δύναιτο καὶ ἀκοντίσαι καὶ πατάξαι ἀπὸ τοῦ ἵππου, εἰ δέοι. (6) χρὴ δὲ καὶ χαλαρὰν ἀπὸ τοῦ γόνατος ἀφεῖσθαι τὴν κνήμην σὺν τῷ ποδί. σκληρὸν μὲν γὰρ ἔχων τὸ σκέλος εἰ προσκόψειέ τῳ, προσκεκλασμένος ἂν εἴη· ὑγρὰ δὲ οὖσα ἡ κνήμη, εἴ τι καὶ προσπίπτοι αὐτῇ, ὑπείκοι ἂν καὶ τὸν μηρὸν οὐδὲν μετακινοίη.

(7) δεῖ δὲ τὸν ἱππέα καὶ τὸ ἄνωθεν τῶν ἑαυτοῦ ἰσχίων σῶμα ὡς ὑγρότατον ἐθίζειν εἶναι. οὕτω γὰρ ἂν πονεῖν τε ἔτι μᾶλλον δύναιτο καὶ εἰ ἕλκοι τις αὐτὸν ἢ ὠθοίη ἧττον ἂν σφάλλοιτο. (8) ἐπειδάν γε μὴν καθέζηται, πρῶτον μὲν ἠρεμεῖν δεῖ διδάσκειν τὸν ἵππον, ἕως ἂν καὶ ὑποσπάσηται, ἤν τι δέηται, καὶ ἡνίας ἰσώσηται καὶ δόρυ λάβῃ ὡς ἂν εὐφορώτατον εἴη· ἔπειτα δὲ ἐχέτω τὸν ἀριστερὸν βραχίονα πρὸς ταῖς πλευραῖς· οὕτω γὰρ εὐσταλέστατός τε ὁ ἱππεὺς ἔσται καὶ ἡ χεὶρ ἐγκρατεστάτη. (9) ἡνίας γε μὴν ἐπαινοῦμεν ὁποῖαι ἴσαι τέ εἰσι καὶ μὴ ἀσθενεῖς μηδὲ ὀλισθηραὶ μηδὲ παχεῖαι, ἵνα καὶ τὸ δόρυ ὅταν δέῃ δέχεσθαι ἡ χεὶρ δύνηται.

(3) Wenn der Reiter das Pferd mit der Linken führt und in der Rechten den Speer hält, scheint es uns gut, wenn er auch von der rechten Seite aufzuspringen geübt wäre. Dabei ist nichts weiter zu erlernen, als das, was er vorher mit den rechten Teilen seines Körpers tat, nun mit den linken zu tun und umgekehrt. (4) Dieses Aufsitzen von jeder Seite aus ist deshalb so zu empfehlen, weil so der Reiter allzeit bereit ist, wenn er plötzlich gegen den Feind kämpfen muss. (5) Wenn er aufsitzt – gleich ob auf dem bloßen (Pferderücken) oder auf einer Unterlage[Z] –, empfehlen wir ein Sitzen wie auf einem Sessel (mit hochgezogenen Knien) nicht; vielmehr (sitzt er richtig), wenn er aufrecht auf dem Pferd ist, als ob er steht. Mit beiden Oberschenkeln wird er sich so wohl besser am Pferd festhalten, und da er mit festerem Schluss aufrecht reitet, hat er wohl mehr Kraft, vom Pferd herab einen Wurfspeer zu schleudern oder auf die Feinde einzuschlagen, wenn er muss. (6) Vom Knie abwärts muss er das Schienbein mit dem Fuß locker herabhängen lassen. Wenn er nämlich den Unterschenkel steif hält, würde er, wenn er an etwas anstößt, sich das Bein brechen; ist aber das Schienbein leicht beweglich, kann er, wenn er an etwas anstößt, nachgeben und wird den Oberschenkel dann gar nicht von der Stelle bewegen.

(7) Der Reiter muss auch seinen Körper oberhalb der Hüften daran gewöhnen, so gelenkig wie möglich zu sein, denn so wird er sich noch viel mehr anstrengen können, und wenn ihn einer stößt oder zerrt, kann er weniger leicht abgeworfen werden. (8) Wenn er nun aufsitzt, muss er zuerst das Pferd lehren, still stehen zu bleiben, bis er (die Unterlage[Z]) unter sich zurechtgezogen, die Zügel gleich lang gefasst und sich den Speer zurechtgelegt hat. Dann winkele er den linken Arm an seiner Körperseite; so wird der Reiter am besten einsatzfähig und die Hand am kräftigsten sein. (9) Von den Zügeln sind die am besten, die ganz gleichmäßig sind, nicht zu dünn noch zu dick oder gar schlüpfrig, damit die Hand im Notfall auch den Speer fassen kann.

(10) ὅταν δὲ προχωρεῖν σημήνῃ τῷ ἵππῳ, βάδην μὲν ἀρχέσθω· τοῦτο γὰρ ἀταρακτότατον. ἡνιοχείτω δέ, ἢν μὲν κυφαγωγότερος ᾖ ὁ ἵππος, ἀνωτέρω ταῖς χερσίν, ἢν δὲ μᾶλλον ἀνακεκυφώς, κατωτέρω· οὕτω γὰρ ἂν μάλιστα κοσμοίη τὸ σχῆμα. (11) μετὰ δὲ ταῦτα τὸν αὐτοφυᾶ διατροχάζων διαχαλῴη τ' ἂν ἀλυπότατα τὸ σῶμα καὶ εἰς τὸ ἐπιρραβδοφορεῖν ἥδιστ' ἂν ἀφικνοῖτο. ἐπείπερ δὲ καὶ ἀπὸ τῶν ἀριστερῶν ἄρχεσθαι εὐδοκιμώτερον, ὧδ' ἂν μάλιστα ἀπὸ τούτων ἄρχοιτο, εἰ διατροχάζοντος μέν, ὁπότε ἐμβαίνοι τῷ δεξιῷ, τότε σημαίνοι τῷ ἵππῳ τὸ ἐπιρραβδοφορεῖν. (12) τὸ γὰρ ἀριστερὸν μέλλων αἴρειν ἐκ τούτου ἂν ἄρχοιτο, καὶ ὁπότε ἐπὶ τὰ εὐώνυμα ἀναστρέφοι, τότε καὶ τῆς ἐπισκελίσεως ἄρχοιτο. καὶ γὰρ πέφυκεν ὁ ἵππος εἰς μὲν τὰ δεξιὰ στρεφόμενος τοῖς δεξιοῖς ἀφηγεῖσθαι, εἰς εὐώνυμα δὲ τοῖς ἀριστεροῖς.

(13) ἱππασίαν δ' ἐπαινοῦμεν τὴν πέδην καλουμένην· ἐπ' ἀμφοτέρας γὰρ τὰς γνάθους στρέφεσθαι ἐθίζει. καὶ τὸ μεταβάλλεσθαι δὲ τὴν ἱππασίαν ἀγαθόν, ἵνα ἀμφότεραι αἱ γνάθοι καθ' ἑκάτερον τῆς ἱππασίας ἰσάζωνται. (14) ἐπαινοῦμεν δὲ καὶ τὴν ἑτερομήκη πέδην μᾶλλον τῆς κυκλοτεροῦς. ἥδιον μὲν γὰρ οὕτως ἂν στρέφοιτο ὁ ἵππος ἤδη πλήρης ὢν τοῦ εὐθέος, καὶ τό τε ὀρθοδρομεῖν καὶ τὸ ἀποκάμπτειν ἅμα μελετῴη ἄν. (15) δεῖ δὲ καὶ ὑπολαμβάνειν ἐν ταῖς στροφαῖς· οὐ γὰρ ῥᾴδιον τῷ ἵππῳ οὐδ' ἀσφαλὲς ἐν τῷ τάχει ὄντα κάμπτειν ἐν μικρῷ, ἄλλως τε κἂν ἀπόκροτον ᾖ ὀλισθηρὸν ᾖ τὸ χωρίον. (16) ὅταν γε μὴν ὑπολαμβάνῃ, ὡς ἥκιστα μὲν χρὴ τὸν ἵππον πλαγιοῦν τῷ χαλινῷ,

(10) Wenn der Reiter dem Pferd das Zeichen[Z] zum Vorwärtsgehen gegeben hat, fange er im Schritt an, denn dies ist die ruhigste Gangart. Die Zügel halte er, wenn das Pferd den Kopf zu tief trägt, mit den Händen etwas höher, wenn es ihn aber zu hoch trägt, etwas tiefer. Auf diese Weise wird er nämlich die Haltung am vorteilhaftesten erscheinen lassen. (11) Wenn es dann den angeborenen Trab anschlägt, wird es den Körper ausstrecken, ohne sich im mindesten weh zu tun, und auch sehr gern in den Galopp übergehen. Da man es lieber sieht, wenn es links beginnt, wird man am besten so beginnen, wenn der Reiter beim Traben das Zeichen zum Galopp in dem Moment gibt, wenn das Pferd mit dem rechten (Vorderfuß) auftritt. (12) Wenn es ja gerade den linken Fuß heben will, wird es mit diesem zu galoppieren beginnen. Wenn er es links wendet, wird es auch mit dem Anspringen links anfangen. Es ist nämlich die Natur des Pferdes, wenn es rechts gewendet wird, mit den rechten Füßen vorzutreten, und wenn nach links, mit den linken.

(13) Die Reitübung, die *pede*[W] (Reiten auf dem Zirkel; s. o. 3,5) heißt, ist sehr lobenswert, denn sie gewöhnt (das Pferd) daran, sich (durch Druck) auf beide Laden[K] wenden zu lassen. Auch das Wechseln in dieser Reitübung ist gut, damit beide Laden[K] durch beide Arten der Reitübung gleich werden. (14) Wir empfehlen aber auch die *pede* von ungleicher Länge (im Oval) mehr als die im Kreis, denn so wird das Pferd sich eher wenden lassen, wenn es des geraden Laufes schon überdrüssig ist. Hier kann es das Geradeauslaufen und die Wendungen gleichzeitig lernen. (15) Das Pferd muss sich auch bei den Wendungen zusammennehmen lassen, denn es ist für das Pferd weder leicht noch sicher, bei schnellem Lauf und in kurzer Zeit sich schnell zu wenden, besonders wenn der Boden uneben oder schlüpfrig ist. (16) Wenn man es aber zusammennimmt, muss man ihm so wenig wie möglich mit den Zügeln eine schiefe Richtung geben und selbst auch so we-

ὡς ἥκιστα δ' αὐτὸν πλαγιοῦσθαι· εἰ δὲ μή, εὖ χρὴ εἰδέναι ὅτι μικρὰ πρόφασις ἀρκέσει κεῖσθαι καὶ αὐτὸν καὶ τὸν ἵππον. (17) ἐπειδάν γε μὴν ἐκ τῆς στροφῆς εἰς τὸ εὐθὺ βλέπῃ ὁ ἵππος, ἐν τούτῳ πρὸς τὸ θᾶττον αὐτὸν ὁρμάτω. δῆλον γὰρ ὅτι καὶ ἐν τοῖς πολέμοις αἱ στροφαί εἰσι τοῦ διώκειν ἢ τοῦ ἀποχωρεῖν ἕνεκα. ἀγαθὸν οὖν τὸ στραφέντα ταχύνειν μελετᾶν.

(18) ὅταν δὲ ἱκανῶς ἤδη δοκῇ τὸ γυμνάσιον τῷ ἵππῳ ἔχειν, ἀγαθὸν καὶ διαναπαύσαντα ὁρμῆσαι αὖθις ἐξαίφνης εἰς τὸ τάχιστον, καὶ ἀφ' ἵππων μέντοι, μὴ πρὸς ἵππους· καὶ ἐκ τοῦ ταχέος αὖ ὡς ἐγγυτάτω ἠρεμίζειν, καὶ ἐκ τοῦ ἑστάναι δὲ στρέψαντα δεῖ πάλιν ὁρμᾶν· πρόδηλον γὰρ ὅτι ἔσται ποτὲ ὅτε ἑκατέρου τούτων δεήσει· (19) ὅταν γε μὴν καταβαίνειν ἤδη καιρὸς ᾖ, μήτε ἐν ἵπποις ποτὲ καταβαίνειν μήτε παρὰ σύστασιν ἀνθρώπων μήτ' ἔξω τῆς ἱππασίας, ἀλλ' ὅπουπερ καὶ πονεῖν ἀναγκάζεται ὁ ἵππος, ἐνταῦθα καὶ τῆς ῥᾳστώνης τυγχανέτω.

8 (1) ἐπείπερ δὲ ἔστιν ὅπου τρέχειν δεήσει τὸν ἵππον καὶ πρανῆ καὶ ὄρθια καὶ πλάγια, ἔστι δ' ὅπου διαπηδᾶν, ἔστι δ' ὅπου καὶ ἐκπηδᾶν, ἔνθα δὲ καθάλλεσθαι, καὶ ταῦτα πάντα διδάσκειν τε δεῖ καὶ μελετᾶν καὶ αὑτὸν καὶ τὸν ἵππον. οὕτω γὰρ ἂν σωτήριοί τε εἶεν ἀλλήλοις καὶ καθόλου χρησιμώτεροι ἂν δοκοῖεν εἶναι. (2) εἰ δέ τις διλογεῖν ἡμᾶς οἴεται, ὅτι περὶ τῶν αὐτῶν λέγομεν νῦν τε καὶ πρόσθεν, οὐ διλογία ταῦτ' ἐστίν. ὅτε μὲν γὰρ ἐωνεῖτο, πειρᾶσθαι ἐκελεύομεν εἰ δύναιτο ὁ ἵππος ταῦτα ποιεῖν· νῦν δὲ διδάσκειν φαμὲν χρῆναι τὸν ἑαυτοῦ καὶ γράψομεν ὡς δεῖ

nig wie möglich eine schiefe Richtung einnehmen. Sonst genügt nämlich eine geringe Ursache, um Reiter und Pferd stürzen zu lassen. (17) Wenn das Pferd nach der Wendung geradeaus sieht, treibe er es sofort zum schnelleren Lauf an. Es ist ja offenkundig, dass auch im Krieg Wendungen vorkommen, teils beim Verfolgen, teils beim Entfliehen. Darum ist es wichtig zu üben, nach der Wendung wieder schneller zu werden.

(18) Hat man eine Übung lange genug gemacht, soll man das Pferd auch ausruhen lassen. Man soll es aber dann auch ganz plötzlich zum schnellsten Lauf antreiben, und zwar sowohl von den anderen Pferden weg als auch zu ihnen zurück. Nach schnellem Lauf soll man so kurz wie möglich still halten, lieber gleich vom Stand aus wenden und wieder eilig zurückreiten. Es können ja oft derartige Fälle vorkommen, bei denen man beides gebrauchen wird. (19) Wenn es dann Zeit ist abzusteigen, sollte man nie bei anderen Pferden absteigen, auch nicht, wo viele Menschen zusammenstehen, und auch nicht außerhalb der Reitschule; vielmehr soll das Pferd dort, wo es sich anzustrengen gezwungen wird, auch seine Ruhe erhalten.

Reiten im Gelände

8 (1) Da es Fälle gibt, in denen das Pferd bergab, bergauf und schräg laufen muss, dazu auch solche, in denen es über (Gräben) springen oder heraus- oder herabsetzen muss, ist es für Reiter und Pferd sehr wichtig, dieses alles zu lernen und zu üben. Nur so werden beide einander hilfreich sein und als brauchbar angesehen. (2) Wenn aber jemand meint, dass wir uns wiederholen, weil wir jetzt von denselben Dingen sprechen wie weiter oben (s. o. 3,7), ist das Folgende keine Wiederholung: Als nämlich am Anfang das Pferd gekauft wurde, rieten wir, es zu prüfen, ob es für solche Übungen geeignet sei; hier aber sprechen wir davon, dass man sein eigenes Pferd dazu erziehen kann, und wollen an-

διδάσκειν. (3) τὸν μὲν γὰρ παντάπασιν ἄπειρον τοῦ διαπηδᾶν λαβόντα δεῖ τοῦ ἀγωγέως καταβεβλημένου προδιαβῆναι αὐτὸν τὴν τάφρον, ἔπειτα δὲ ἐντείνειν δεῖ τῷ ἀγωγεῖ ὡς διάλληται. (4) ἢν δὲ μὴ ἐθέλῃ, ἔχων τις μάστιγα ἢ ῥάβδον ἐμβαλέτω ὡς ἰσχυρότατα· καὶ οὕτως ὑπεραλεῖται οὐ τὸ μέτρον, ἀλλὰ πολὺ πλέον τοῦ καιρίου· καὶ τὸ λοιπὸν οὐδὲν δεήσει παίειν, ἀλλ' ἢν μόνον ἴδῃ ὄπισθέν τινα ἐπελθόντα, ἁλεῖται. (5) ἐπειδὰν δὲ οὕτω διαπηδᾶν ἐθισθῇ, καὶ ἀναβεβηκὼς ἐπαγέτω τὸ μὲν πρῶτον μικράς, ἔπειτα δὲ καὶ μείζους. ὅταν δὲ μέλλῃ πηδᾶν, παισάτω αὐτὸν τῷ μύωπι. ὡσαύτως δὲ καὶ τὸ ἀναπηδᾶν καὶ τὸ καταπηδᾶν διδάσκειν παίσαντα τῷ μύωπι. ἁθρόῳ γὰρ τῷ σώματι ταῦτα πάντα ποιῶν καὶ ἑαυτῷ ὁ ἵππος καὶ τῷ ἀναβάτῃ ἀσφαλέστερον ποιήσει μᾶλλον ἢ ἂν ἐκλείπῃ τὰ ὄπισθεν ἢ διαπηδῶν ἢ ἀνορούων ἢ καθαλλόμενος.

(6) εἴς γε μὴν τὸ κάταντες πρῶτον χρὴ ἐν μαλακῷ χωρίῳ διδάσκειν, καὶ τελευτῶν, ἐπειδὰν τοῦτο ἐθισθῇ, πολὺ ἥδιον τὸ πρανὲς τοῦ ὀρθίου δραμεῖται. ἃ δὲ φοβοῦνταί τινες μὴ ἀπορρηγνύωνται τοὺς ὤμους κατὰ τὰ πρανῆ ἐλαυνόμενοι, θαρρούντων μαθόντες ὅτι Πέρσαι καὶ Ὀδρύσαι ἅπαντες τὰ κατάντη ἁμιλλώμενοι οὐδὲν ἧττον τῶν Ἑλλήνων ὑγιεῖς τοὺς ἵππους ἔχουσι.

(7) παρήσομεν δὲ οὐδὲ ὅπως τὸν ἀναβάτην ὑπηρετεῖν δεῖ πρὸς ἕκαστα τούτων. χρὴ γὰρ ὁρμῶντος μὲν ἐξαίφνης τοῦ ἵππου προνεύειν· ἧττον γὰρ ἂν καὶ ὑποδύοι ὁ ἵππος καὶ ἀναβάλλοι τὸν ἀναβάτην· ἐν μικρῷ δὲ ἀναλαμβανομένου ἀναπίπτειν· ἧττον

geben, auf welche Weise das zu geschehen hat. (3) Wer nämlich ein im Springen ganz unerfahrenes Pferd bekommen hat, muss unter Nachlassen des Leitseils vorher erst selbst über den Graben springen, aber das Pferd mit dem Leitseil nachziehen, damit es hinüberspringt. (4) Will es das nicht, schlage man es mit Peitsche oder Stab recht kräftig; so wird es nicht nur über die ganze Breite, sondern noch viel weiter springen als verlangt. In Zukunft braucht man es nicht mehr zu schlagen, es wird gleich springen, wenn es nur jemanden hinter sich herkommen sieht. (5) Ist das Pferd auf diese Art an das Springen gewöhnt, führe es der Reiter, auch wenn er aufsitzt, zuerst an kleine, später auch an größere Gräben. Wenn es dann springen soll, stoße er es mit dem Sporn[Z]. Ebenso gebrauche er wieder den Sporn, wenn es lernen soll, in die Höhe oder Tiefe zu springen. Wenn nämlich das Pferd dies alles mit dem versammelten Körper tut, wird es das für sich und den Reiter weit sicherer durchführen, als wenn die Hinterpartie dabei zurückbleibt, sei es beim Springen über Gräben oder in die Höhe oder Tiefe.

(6) Auf abschüssigem Boden zu laufen, muss der Reiter das Pferd erst auf weichem Boden lehren. Wenn es daran gewöhnt ist, wird es lieber bergab als bergauf laufen. Einige befürchten zwar, die Pferde könnten ihre Schultern beschädigen, wenn sie auf abschüssigem Boden geritten werden, doch dürfen sie beruhigt sein: Die Perser und Odrysen[X] veranstalten nämlich auf abwärts geneigter Ebene ihre Wettrennen – und ihre Pferde sind nicht weniger gesund als die der Griechen.

(7) Wir wollen aber auch nicht übergehen, wie der Reiter sich bei all dem verhalten muss. Wenn das Pferd plötzlich losgeht, soll er sich nach vorne neigen, denn so wird das Pferd weniger abtauchen und den Reiter weniger in die Höhe werfen. Wenn es aber schnell angehalten wird, soll er sich zurücklegen, denn so wird er

γὰρ ἂν αὐτὸς κόπτοιτο. (8) τάφρον δὲ διαλλομένου καὶ πρὸς ὄρθιον ἱεμένου καλὸν χαίτης ἐπιλαμβάνεσθαι, ὡς μὴ ὁ ἵππος τῷ τε χωρίῳ ἅμα καὶ τῷ χαλινῷ βαρύνηται. εἴς γε μὴν τὸ πρανὲς καὶ ἑαυτὸν ὑπτιώτερον ποιητέον καὶ τοῦ ἵππου ἀντιληπτέον τῷ χαλινῷ, ὡς μὴ προπετῶς εἰς τὸ κάταντες μήτε αὐτὸς μήτε ὁ ἵππος φέρηται.

(9) ὀρθῶς δ' ἔχει καὶ τὸ ἄλλοτε μὲν ἐν ἄλλοις τόποις, ἄλλοτε δὲ μακράς, ἄλλοτε δὲ βραχείας τὰς ἱππασίας ποιεῖσθαι. ἀμισέστερα γὰρ καὶ ταῦτα τῷ ἵππῳ τοῦ ἀεὶ ἐν τοῖς αὐτοῖς τόποις καὶ ὁμοίας τὰς ἱππασίας ποιεῖσθαι. (10) ἐπεὶ δὲ δεῖ ἐν παντοίοις τε χωρίοις τὸν ἱππέα ἀνὰ κράτος ἐλαύνοντα ἔποχον εἶναι καὶ ἀπὸ τοῦ ἵππου τοῖς ὅπλοις καλῶς δύνασθαι χρῆσθαι, ὅπου μέν ἐστι χωρία ἐπιτήδεια καὶ θηρία, ἄμεμπτος ἡ ἐν θήραις μελέτη τῆς ἱππικῆς· ὅπου δὲ ταῦτα μὴ ὑπάρχει, ἀγαθὴ ἄσκησις καὶ ἢν δύο ἱππότα συνθεμένω ὁ μὲν φεύγῃ ἐπὶ τοῦ ἵππου παντοῖα χωρία καὶ τὸ δόρυ εἰς τοὔπισθεν μεταβαλόμενος ὑποχωρῇ, ὁ δὲ διώκῃ ἐσφαιρωμένα τε ἔχων ἀκόντια καὶ δόρυ ὡσαύτως πεπραγματευμένον, καὶ ὅπου μὲν ἂν εἰς ἀκόντιον ἀφικνῆται, ἀκοντίζῃ τὸν φεύγοντα τοῖς σφαιρωτοῖς, ὅπου δ' ἂν εἰς δόρατος πληγήν, τῷ δόρατι παίῃ τὸν ἁλισκόμενον. (11) ἀγαθὸν δὲ κἂν ποτε συμπέσωσιν, ἑλκύσαντα ἐφ' ἑαυτὸν τὸν πολέμιον ἐξαίφνης ἀπῶσαι· τοῦτο γὰρ καταβλητικόν. ὀρθῶς δὲ ἔχει καὶ τῷ ἑλκομένῳ ἐπελαύνειν τὸν ἵππον· τοῦτο γὰρ ποιῶν ὁ ἑλκόμενος καταβάλοι ἂν μᾶλλον τὸν ἕλκοντα ἢ καταπέσοι. (12) ἢν δέ ποτε καὶ στρατοπέδου ἀντικαθημένου ἀνθιππεύωσιν ἀλλήλοις,

weniger gestoßen werden. (8) Wenn das Pferd über einen Graben springt oder bergauf läuft, ist es gut, die Mähne zu fassen, damit das Pferd nicht durch den Boden und die Zügel zugleich beschwert wird. Wenn der Reiter einen Abhang hinunterreitet, muss er sich weit zurücklegen und das Pferd mit der Trense zurückhalten, damit weder er noch das Pferd kopfüber den Berg hinunterstürzen.

(9) Richtig ist auch, dass man einmal an diesem, einemal an jenem Ort und einmal lange, ein andermal kurze Reitübungen durchführt, statt immer an denselben Orten dieselben Reitübungen durchzuführen. Abwechslung ist für das Pferd nämlich auch viel angenehmer. (10) Da der Reiter sich auf den verschiedensten Geländen im Sitz und vom Pferde aus im Gebrauch der Waffen üben sollte, ist dort, wo geeignetes Gelände und Wild vorhanden sind, das Jadgdreiten als besonders gute Übung in der Reitkunst sehr zu empfehlen. Wo aber dies nicht stattfinden kann, ist es auch eine gute Übung, wenn sich zwei Reiter verabreden: Der eine Reiter flüchtet auf dem Pferd in irgendeine Richtung und zieht sich so zurück, wobei er den Speer nach rückwärts wendet. Der andere verfolgt ihn mit (an der Spitze) abgerundeten Wurfspeeren und einem ebenso abgestumpften Speer. Wenn er dann auf Wurfspeerweite herangekommen ist, schleudert er seine abgerundeten Wurfspeere nach dem Flüchtenden, wenn er aber so nah herangekommen ist, dass er den Speer gebrauchen kann, versucht er, den Eingeholten mit dem Speer herabzustoßen. (11) Wenn sie einmal aneinander geraten sind, ist es auch ein erprobtes Mittel, den Gegner zu sich herüberzuzerren und ihn dann plötzlich zurückzustoßen; dies ist ein Mittel, um ihn vom Pferd zu werfen. Für den aber, der so herübergezerrt wird, ist es gut, gegen den anderen sein Pferd anzutreiben, denn wenn er dies tut, wird derjenige, der gezogen wird, eher den Ziehenden herunterwerfen als selbst herunterfallen. (12) Wenn sie nun aber auch einmal im Angesicht eines feindlichen Heeres gegeneinander reiten und die Gegner bis zur feindlichen *Phalanx*[W]

καὶ διώκωσι μὲν μέχρι τῆς πολεμίας φάλαγγος τοὺς ἀντίους, φεύγωσι δὲ μέχρι τῆς φιλίας, ἀγαθὸν καὶ ἐνταῦθα ἐπίστασθαι ὅτι ἕως μὲν ἂν παρὰ τοὺς φίλους τις ᾖ, καλὸν καὶ ἀσφαλὲς τὸ ἐν πρώτοις ἀναστρέψαντα ἀνὰ κράτος ἐπικεῖσθαι, ὅταν δ' ἐγγὺς τῶν ἐναντίων γίγνηται, ὑποχείριον τὸν ἵππον ἔχειν. οὕτω γὰρ ἂν ὡς τὸ εἰκὸς μάλιστα δύναιτο βλάπτων τοὺς ἐναντίους μὴ βλάπτεσθαι ὑπ' αὐτῶν.

(13) ἀνθρώποις μὲν οὖν ἄνθρωπον ἔδοσαν οἱ θεοὶ λόγῳ διδάσκειν ἃ δεῖ ποιεῖν, ἵππον δὲ δῆλον ὅτι λόγῳ μὲν οὐδὲν ἂν διδάξαις· ἢν δὲ ὅταν μὲν ποιήσῃ ὡς ἂν βούλοιο, ἀντιχαρίσῃ τι αὐτῷ, ὅταν δὲ ἀπειθῇ, κολάζῃς, οὕτω μάλιστ' ἂν μάθοι τὸ δέον ὑπηρετεῖν. (14) καὶ ἔστι μὲν τοῦτο ἐν βραχεῖ εἰπεῖν, δι' ὅλης δὲ τῆς ἱππικῆς παρακολουθεῖ. καὶ γὰρ χαλινὸν μᾶλλον ἂν λαμβάνοι, εἰ ὁπότε δέξαιτο ἀγαθόν τι αὐτῷ ἀποβαίνοι· καὶ διαπηδῴη δ' ἂν καὶ ἐξάλλοιτο καὶ τἆλλα πάντα ὑπηρετοίη ἄν, εἰ προσδοκῴη, ὁπότε τὰ σημαινόμενα πράξειε, ῥᾳστώνην τινά.

9 (1) καὶ τὰ μὲν δὴ εἰρημένα ταῦτ' ἐστίν, ὡς ἂν ἥκιστα μὲν ἐξαπατῷτο καὶ πῶλον καὶ ἵππον ὠνούμενος, ἥκιστα δ' ἂν διαφθείροι χρώμενος, μάλιστα δ' ἂν ἵππον ἀποδεικνύοι, εἰ δέοι, ἔχοντα ὧν ἱππεὺς δεῖται εἰς πόλεμον. καιρὸς δ' ἴσως γράψαι καί, εἴ ποτε συμβαίη θυμοειδεστέρῳ ἵππῳ τοῦ καιρίου χρῆσθαι ἢ βλακωδεστέρῳ, ὡς ἂν ὀρθότατα ἑκατέρῳ χρῷτο. (2) πρῶτον μὲν τοίνυν χρὴ τοῦτο γνῶναι, ὅτι ἐστὶ θυμὸς ἵππῳ ὅπερ ὀργὴ ἀνθρώπῳ. ὥσπερ οὖν ἄνθρωπον ἥκιστ' ἂν ὀργίζοι τις ὁ μήτε

verfolgen, aber bis zur befreundeten *Phalanx* zurück flüchten, soll man im Gefühl der Sicherheit gleich vor den ersten Reihen wieder umwenden und mit aller Macht auf den Feind eindringen. Es ist aber im umgekehrten Fall, wenn man nahe am Feind ist, besser, das Pferd in seiner Gewalt zu behalten, denn so wird der Reiter erwartungsgemäß, indem er dem Feind schadet, von ihm am wenigsten Schaden erleiden können.

(13) Den Menschen haben die Götter verliehen, Menschen durch Worte zu lehren, was sie tun müssen. Dass man aber ein Pferd durch Worte nichts lehren kann, ist einleuchtend. Wenn man dem Pferd aber jedes Mal, wenn es etwas tut, wie man es von ihm haben will, etwas Angenehmes gibt, es dagegen straft, wenn es ungehorsam ist, wird es so am besten lernen, seine Schuldigkeit zu tun. (14) Dies ist zwar leicht gesagt, aber Inhalt der ganzen Reitkunst. Ein Pferd wird die Trense nämlich eher annehmen, wenn man ihm danach etwas Gutes angedeihen lässt. Es wird (über Gräben) setzen, herausspringen und alles andere williger ausführen, wenn ihm nach der Ausführung des Befehls Lob und Ruhe zuteil wird.

Hitzige und träge Pferde

9 (1) Das bisher Besprochene handelt davon, wie man sich beim Kauf eines Fohlens oder Pferdes vor Täuschungen bewahren soll (s. o. 1–3), wie man ein Pferd, wenn man es gebraucht, am wenigsten zugrunde richtet (s. o. 4–7) und schließlich man am besten ein Pferd ausbildet, wenn ein Reiter es als Kriegspferd haben will (s. o. 8). Jetzt ist vielleicht der richtige Moment, auch einmal darüber zu schreiben, wie man ein recht hitziges oder aber ein träges Pferd am richtigsten zu behandeln hat. (2) Man muss davon ausgehen, dass Hitze beim Pferd so viel bedeutet wie Zorn beim Menschen. So, wie man einen Menschen dann am wenigsten erzürnt, wenn man ihm nichts Unangenehmes sagt oder antut, ist

λέγων χαλεπὸν μηδὲν μήτε ποιῶν, οὕτω καὶ ἵππον θυμοειδῆ ὁ μὴ ἀνιῶν ἥκιστ᾽ ἂν ἐξοργίζοι. (3) εὐθὺς μὲν οὖν χρὴ ἐν τῇ ἀναβάσει ἐπιμελεῖσθαι ὡς ἂν ἥκιστ᾽ ἀναβαίνων λυποίη· ἐπειδὰν δὲ ἀναβῇ, ἠρεμήσαντα πλείω χρόνον ἢ τὸν ἐπιτυχόντα οὕτω προκινεῖν αὐτὸν ὡς πρᾳοτάτοις σημείοις· ἔπειτα δ᾽ ἐκ τοῦ βραδυτάτου ἀρχόμενον οὕτως αὖ εἰς τὸ θᾶττον προάγειν, ὡς ἂν μάλιστα λανθάνοι αὐτὸν ὁ ἵππος εἰς τὸ ταχὺ ἀφικνούμενος. (4) ὅ τι δ᾽ ἂν ἐξαίφνης σημήνῃ, θυμοειδῆ ἵππον ὥσπερ ἄνθρωπον ταράττει τὰ ἐξαπίναια καὶ ὁράματα καὶ ἀκούσματα καὶ παθήματα. εἰδέναι δὲ χρὴ ὅτι καὶ ἐν ἵππῳ τὰ ἐξαπίναια τάραχον ἐξεργάζεται. (5) ἢν δὲ καὶ εἰς τὸ θᾶττον ὁρμώμενον τοῦ καιροῦ ὑπολαμβάνειν βούλῃ τὸν θυμοειδῆ, οὐ δεῖ ἐξαπιναίως σπᾶν, ἀλλ᾽ ἠρεμαίως προσάγεσθαι τῷ χαλινῷ, πραΰνοντα, οὐ βιαζόμενον ἠρεμεῖν.

(6) καὶ αἵ τε μακραὶ ἐλάσεις μᾶλλον ἢ αἱ πυκναὶ ἀποστροφαὶ πραΰνουσι τοὺς ἵππους, καὶ αἱ ἡσυχαῖαι μέν, πολυχρόνιοι δὲ καθέψουσι καὶ πραΰνουσι καὶ οὐκ ἀνεγείρουσι τὸν θυμοειδῆ. (7) εἰ δέ τις οἴεται, ἢν ταχὺ καὶ πολλὰ ἐλαύνηται, ἀπειπεῖν ποιήσας τὸν ἵππον πραυνεῖν, τἀναντία γιγνώσκει τοῦ γιγνομένου. ἐν γὰρ τοῖς τοιούτοις ὁ θυμοειδὴς καὶ ἄγειν βίᾳ μάλιστα ἐπιχειρεῖ καὶ σὺν τῇ ὀργῇ, ὥσπερ ἄνθρωπος ὀργίλος, πολλάκις καὶ ἑαυτὸν καὶ τὸν ἀναβάτην πολλὰ ἀνήκεστα ἐποίησεν. (8) ἐπιλαμβάνειν δὲ χρὴ ἵππον θυμοειδῆ καὶ τότε τοῦ εἰς τὸ τάχιστον ὁρμᾶν, τοῦ δὲ δὴ παραβάλλειν ἵππῳ καὶ παντάπασιν ἀπέχεσθαι· σχεδὸν γὰρ οἱ θυμοειδέστατοι καὶ φιλονικότατοι τῶν ἵππων γίγνονται.

es auch beim hitzigen Pferd: Der Reiter, der ihm nichts zuleide tut, erzürnt es auch nicht. (3) Schon beim Aufsitzen[K] sorge man dafür, dass ihm das Aufsteigen nicht weh tue. Ist man aufgestiegen, halte man länger still als bei einem gewöhnlichen (Pferd). Dann setze man es langsam mit möglichst sanften Zeichen[Z] in Bewegung und gehe dabei allmählich zu einer schnelleren Gangart über, aber so, dass das Pferd es gar nicht merkt, wie es in den schnellen Gang kommt. (4) Ein Zeichen, jäh und unerwartet gegeben, bringt ein hitziges Pferd leicht in Verwirrung, wie ja auch ein unerwarteter Anblick, ein plötzlicher Lärm oder eine unvermutete Bewegung einen Menschen leicht erschrecken können. Man muss sich also merken, dass das Unerwartete bei einem Pferd Verwirrung verursacht. (5) Will man nun das hitzige Pferd, wenn es in einen schnelleren Lauf verfällt, als es soll, zurückhalten, darf man es nicht plötzlich zerren, sondern ganz sachte die Zügel anziehen und muss es durch sanfte Mittel, aber nicht mit Gewalt wieder beruhigen.

(6) Lange Ritte besänftigen ein Pferd weit mehr als häufiges Anhalten und Kehrtmachen. Die gleichmäßig, aber lange Zeit fortgesetzten Ritte ermüden und besänftigen und beschwichtigen ein hitziges Pferd. (7) Wenn nun aber einer glaubt, durch schnelle und lange Ritte ein Pferd dadurch zu besänftigen, dass ihm die Kräfte ausgehen, wird er das Gegenteil davon erreichen, denn in solchen Fällen versucht ein hitziges Pferd meistens durchzugehen und hat dann im Zorn schon oft wie ein zorniger Mensch sich selbst und seinem Reiter manchen unheilbaren Schaden zugefügt. (8) Ein hitziges Pferd muss man also zurückhalten, dass es nicht in schnellsten Lauf gerät. Deshalb soll man von Wettrennen mit anderen Pferden auch ganz absehen, da die hitzigsten Pferde meist auch die ehrgeizigsten sind.

(9) καὶ χαλινοὶ δὲ οἱ λεῖοι ἐπιτηδειότεροι τῶν τραχέων. ἐὰν δὲ καὶ τραχὺς ἐμβληθῇ, τῇ χαλαρότητι λείῳ δεῖ αὐτὸν ἀφομοιοῦν. ἀγαθὸν δὲ ἐθίζειν αὐτὸν καὶ τὸ ἠρεμεῖν, μάλιστα ἐπὶ θυμοειδοῦς ἵππου, καὶ τὸ ὡς ἥκιστα ἄλλῳ τινὶ ἅπτεσθαι ἢ οἷς τοῦ καθῆσθαι ἀσφαλῶς ἕνεκα ἁπτόμεθα. (10) εἰδέναι δὲ χρὴ ὅτι δίδαγμά τί ἐστι καὶ τὸ ποππυσμῷ μὲν πραΰνεσθαι, κλωσμῷ δὲ ἐγείρεσθαι, καὶ εἴ τις ἐξ ἀρχῆς ἐπὶ μὲν κλωσμῷ τὰ πραέα, ἐπὶ δὲ ποππυσμῷ τὰ χαλεπὰ προσφέροι, μάθοι ἂν ὁ ἵππος ποππυσμῷ μὲν ἐγείρεσθαι, κλωσμῷ δὲ πραΰνεσθαι. (11) οὕτως οὖν δεῖ καὶ παρὰ κραυγὴν καὶ παρὰ σάλπιγγα μήτ᾽ αὐτὸν φαίνεσθαι τεθορυβημένον τῷ ἵππῳ μήτε μὴν ἐκείνῳ θορυβῶδες μηδὲν προσφέρειν, ἀλλ᾽ εἰς τὸ δυνατὸν καὶ ἀναπαύειν ἐν τῷ τοιούτῳ καὶ ἄριστα καὶ δεῖπνα, εἰ ἐγχωροίη, προσφέρειν.(12) κάλλιστον δὲ συμβούλευμα τὸ ἄγαν θυμοειδῆ ἵππον μὴ κτᾶσθαι εἰς πόλεμον. βλᾶκα γε μὴν ἵππον ἀρκεῖν μοι δοκεῖ γράψαι πάντα τἀναντία ποιεῖν ὅσων τῷ θυμοειδεῖ χρῆσθαι συμβουλεύομεν.

10 (1) ἣν δέ τίς ποτε βουληθῇ χρῆσθαι τῷ χρησίμῳ εἰς πόλεμον ἵππῳ ὡς μεγαλοπρεπεστέρῳ τε καὶ περιβλεπτοτέρῳ ἱππάζεσθαι, τοῦ μὲν ἕλκειν τε τὸ στόμα τῷ χαλινῷ καὶ μυωπίζειν τε καὶ μαστιγοῦν τὸν ἵππον, ἃ οἱ πολλοὶ ποιοῦντες λαμπρύνειν οἴονται, ἀπέχεσθαι δεῖ· πάντα γὰρ τἀναντία οὗτοί γε ποιοῦσιν ὧν βούλονται. (2) τά τε γὰρ στόματα ἕλκοντες ἄνω ἀντὶ τοῦ προορᾶν ἐκτυφλοῦσι τοὺς ἵππους καὶ μυωπίζοντες καὶ παίοντες

(9) Auch sind die glatten Trensen[Z] brauchbarer als die rauen. Wird einmal so eine raue Trense eingelegt, muss man ihre Wirkung durch leichte Führung mildern. Man sollte sich auch angewöhnen, sich auf einem hitzigen Pferd besonders ruhig zu verhalten und es so wenig wie möglich mit etwas anderem als dem zu berühren, was zur Reitausrüstung gehört. (10) Man muss auch wissen, dass man es mit Schnalzen besänftigen kann, mit Schmatzen aber aufmuntert. Wenn jemand hingegen von Anfang an beim Schmatzen die einfachen, beim Schnalzen die schwierigen Aufgaben gibt, wird das Pferd lernen, sich durch das Schnalzen aufmuntern, aber durch das Schmatzen besänftigen zu lassen. (11) Es ist auch wichtig, dass man selbst sich bei einem Geschrei oder einem Trompetensignal[T] nicht beunruhigen lässt und damit dem Pferd etwas nahebringt, was es beunruhigen kann. Man muss vielmehr in solchen Fällen das Pferd so viel wie möglich beruhigen und ihm, wenn es praktikabel ist, Frühstück[K] und Hauptmahlzeit[K] geben. (12) Der beste Rat ist aber, ein zu hitziges Pferd nicht für Kriegszwecke zu kaufen. Für die Behandlung eines trägen Pferdes reicht es, wie mir scheint, zu schreiben, dass man in allem das Gegenteil von dem einsetzen muss, was wir eben angeraten haben.

Dressur für Vorführungen

10 (1) Wenn man aber einmal ein kriegstüchtiges Pferd besitzt und bestrebt ist, es so herauszustellen, dass es unter dem Reiter durch prachtvolle Erscheinung auffällt, muss man sich gänzlich davon frei machen, mit der Trense an seinem Mund herumzuzerren, es mit dem Sporn[Z] zu traktieren und die Peitsche zu gebrauchen. Die meisten glauben nämlich, sie wären, wenn sie so verfahren, in der Lage, das Pferd besonders eindrucksvoll zu präsentieren, bewirken aber genau das Gegenteil davon. (2) Indem sie nämlich den Mund aufwärts zerren, veranlassen sie, dass die Pferde anstatt vor sich zu sehen, (vom Sonnenlicht) geblendet werden; indem

ἐκπλήττουσιν, ὡς τεταράχθαι καὶ κινδυνεύειν. ταῦτα δ' ἐστὶν ἵππων ἔργα τῶν μάλιστα ἀχθομένων ἱππασίᾳ καὶ αἰσχρὰ καὶ οὐ καλὰ ποιούντων. (3) ἐὰν δέ τις διδάξῃ τὸν ἵππον ἐν χαλαρῷ μὲν τῷ χαλινῷ ἱππεύειν, ἄνω δὲ τὸν αὐχένα αἴρειν, ἀπὸ δὲ τῆς κεφαλῆς κυρτοῦσθαι, οὕτως ἂν ἀπεργάζοιτο ποιεῖν τὸν ἵππον οἷοισπερ καὶ αὐτὸς ἥδεταί τε καὶ ἀγάλλεται. (4) τεκμήριον δὲ ὅτι τούτοις ἥδεται· ὅταν γὰρ αὐτὸς σχηματοποιεῖσθαι θέλῃ παρ' ἵππους, μάλιστα δὲ ὅταν παρὰ θηλείας, τότε αἴρει τε τὸν αὐχένα ἄνω καὶ κυρτοῖ μάλιστα τὴν κεφαλὴν γοργούμενος, καὶ τὰ μὲν σκέλη ὑγρὰ μετεωρίζει, τὴν δὲ οὐρὰν ἄνω ἀνατείνει. (5) ὅταν οὖν τις αὐτὸν εἰς ταῦτα προάγῃ ἅπερ αὐτὸς σχηματοποιεῖται, ὅταν μάλιστα καλλωπίζηται, οὕτως ἡδόμενόν τε τῇ ἱππασίᾳ καὶ μεγαλοπρεπῆ καὶ γοργὸν καὶ περίβλεπτον ἀποφαίνει τὸν ἵππον.

ὡς οὖν ἡγούμεθα ταῦτ' ἂν ἀπεργασθῆναι νῦν αὖ πειρασόμεθα διηγεῖσθαι. (6) πρῶτον μὲν τοίνυν χρὴ οὐ μεῖον δυοῖν χαλινοῖν κεκτῆσθαι. τούτων δὲ ἔστω ὁ μὲν λεῖος, τοὺς τροχοὺς εὐμεγέθεις ἔχων, ὁ δ' ἕτερος τοὺς μὲν τροχοὺς καὶ βαρεῖς καὶ ταπεινούς, τοὺς δ' ἐχίνους ὀξεῖς, ἵνα, ὁπόταν μὲν τοῦτον λάβῃ, ἀσχάλλων τῇ τραχύτητι διὰ τοῦτο ἀφίῃ, ὅταν δὲ τὸν λεῖον μεταλάβῃ, τῇ μὲν λειότητι αὐτοῦ ἡσθῇ, ἃ δ' ἂν ὑπὸ τοῦ τραχέος παιδευθῇ, ταὐτὰ δὲ καὶ ἐν τῷ λείῳ ποιῇ. (7) ἢν δ' αὖ καταφρονήσας τῆς λειότητος θαμινὰ ἀπερείδηται ἐν αὐτῷ, τούτου ἕνεκα τοὺς τροχοὺς μεγάλους τῷ λείῳ προστίθεμεν, ἵνα χάσκειν ἀναγκαζόμενος ὑπ' αὐτῶν ἀφίῃ τὸ στόμιον. οἷόν τε δὲ καὶ τὸν τραχὺν παντοδαπὸν ποιεῖν καὶ κατειλοῦντα καὶ κατατείνοντα. (8) ὁποῖοι δ' ἂν ὦσι χαλινοί, πάντες ὑγροὶ ἔστωσαν. τὸν μὲν γὰρ σκληρόν, ὅπῃ ἂν ὁ

sie ihnen den Sporn[Z] geben und sie schlagen, erschrecken sie die Pferde, so dass sie unruhig werden und in Gefahr geraten. Das sind aber Handlungen von Pferden, die sich nur mit entschiedenem Widerwillen reiten lassen, die sich schlecht, aber nicht gut aufführen. (3) Lehrt man aber ein Pferd, bei leichter Zügelführung vorwärts zu schreiten, dabei den Nacken aufzurichten und vom Kopf an zu wölben, wird man auf diese Art bewirken, dass das Pferd etwas tut, woran es selbst Freude hat und womit es prangt. (4) Ein Beweis dafür, dass es sich freut: Wenn ein Pferd selbst bei anderen Pferden Haltung einnehmen will, besonders bei Stuten, hebt es den Nacken am höchsten und wölbt den Kopf in geradezu selbstgefälliger Haltung. Dazu bewegt es die geschmeidigen Schenkel in hohen Tritten und trägt den Schweif erhoben. (5) Wenn man das Pferd soweit bringt, dass es selbst Haltung einnimmt, wenn es sich das schönste Ansehen geben will, erreicht man, dass das Pferd sich über die Reitübungen freut und prächtig, lebhaft und sehenswert erscheint.

Wie eine solche Haltung zu erreichen ist, wollen wir nun darzulegen versuchen. (6) Man muss also zunächst nicht weniger als zwei Trensen[Z] haben. Von diesen sei die eine glatt und habe Walzen[Z] von guter Größe, die andere schwere und niedrige Walzen, aber scharfe Stacheln, damit das Pferd, wenn es diese bekommt, über die Rauheit unwillig sei und sie loslasse. Wenn es aber die glatte Trense bekommt, hat es an ihrer Glätte seine Freude; was es dann mit der rauen beigebracht bekommen hat, tut es auch mit der glatten. (7) Wenn es aber nicht auf die Glätte achtet und sich häufig darauflegt, ziehen wir deshalb die großen Walzen der glatten vor, damit es dadurch genötigt wird, den Mund zu öffnen, und so die Trense loslässt. Es ist aber möglich, die raue Trense in ihrer Wirkung abzustufen, indem wir die Zügel anziehen oder lockern. (8) Wie nun auch die Trensen sein mögen, müssen sie alle gelenkig sein. Eine starre Trense, hat ein Pferd, das sie nimmt,

ἵππος λάβῃ, ὅλον ἔχει πρὸς ταῖς γνάθοις, ὥσπερ καὶ ὀβελίσκον, ὁπόθεν ἄν τις λάβῃ, ὅλον αἴρει. (9) ὁ δὲ ἕτερος ὥσπερ ἡ ἅλυσις ποιεῖ· ὃ γὰρ ἂν ἔχῃ τις αὐτοῦ, τοῦτο μόνον ἄκαμπτον μένει, τὸ δὲ ἄλλο ἀπήρτηται. τὸ δὲ φεῦγον ἐν τῷ στόματι ἀεὶ θηρεύων ἀφίησιν ἀπὸ τῶν γνάθων τὸ στόμιον· τούτου ἕνεκα καὶ οἱ κατὰ μέσον ἐκ τῶν ἀξόνων δακτύλιοι κρεμάννυνται, ὅπως τούτους διώκων τῇ τε γλώττῃ καὶ τοῖς ὀδοῦσιν ἀμελῇ τοῦ ἀναλαμβάνειν πρὸς τὰς γνάθους τὸν χαλινόν.

(10) εἰ δέ τις ἀγνοεῖ, τί τὸ ὑγρὸν τοῦ χαλινοῦ καὶ τί τὸ σκληρόν, γράψομεν καὶ τοῦτο. ὑγρὸν μὲν γάρ ἐστιν ὅταν οἱ ἄξονες εὐρείας καὶ λείας ἔχωσι τὰς συμβολάς, ὥστε ῥᾳδίως κάμπτεσθαι· καὶ πάντα δὲ ὁπόσα περιτίθεται περὶ τοὺς ἄξονας ἢν εὐρύστομα ᾖ καὶ μὴ σύμπυκνα, ὑγρότερά ἐστιν. (11) ἢν δὲ χαλεπῶς ἕκαστα τοῦ χαλινοῦ διατρέχῃ καὶ συνθέῃ, τοῦτ᾿ ἐστὶ τὸ σκληρὸν εἶναι. ὁποῖος δ᾿ ἄν τις ᾖ, τούτῳ τάδε γε πάντα ταὐτὰ ποιητέον, ἤνπερ γε βούληται ἀποδείξασθαι τὸν ἵππον οἷονπερ εἴρηται·

(12) ἀνακρουστέον μὲν τὸ στόμα τοῦ ἵππου οὔτε ἄγαν χαλεπῶς ὥστ᾿ ἐκνεύειν, οὔτε ἄγαν ἡσύχως ὡς μὴ αἰσθάνεσθαι· ἐπειδὰν δὲ ἀνακρουόμενος αἴρῃ τὸν αὐχένα, δοτέον εὐθὺς τὸν χαλινόν. καὶ τἆλλα δὲ δεῖ, ὥσπερ οὐ παυόμεθα λέγοντες, ἐν ᾧ ἂν καλῶς ὑπηρετῇ, χαρίζεσθαι τῷ ἵππῳ. (13) καὶ ὅταν δ᾿ αἴσθηται ἡδόμενον τὸν ἵππον τῇ τε ὑψαυχενίᾳ καὶ τῇ χαλαρότητι, ἐν τούτῳ οὐδὲν δεῖ χαλεπὸν προσφέρειν ὡς πονεῖν ἀναγκάζοντα, ἀλλὰ θωπεύειν ὡς ἱππάσασθαι βουλόμενον· οὕτω γὰρ μάλιστα θαρρῶν πρόεισιν εἰς τὴν ταχεῖαν ἱππασίαν. (14) ὡς δὲ καὶ τῷ ταχὺ θεῖν

ganz in der Lade[K], wie man auch einen Spieß ganz hochhebt, wo immer man ihn auch anfasst. (9) Die andere (gelenkige) Trense dagegen verhält sich wie eine Kette, denn was (ein Pferd) von ihr festhält, bleibt unbiegsam, der andere Teil hängt aber frei herab. Indem das Pferd aber immer nach dem schnappt, was ihm aus dem Mund entwischen will, lässt es das Mundstück aus den Laden[K] los. Deswegen hängen auch die mittleren Ringlein an den Achsen, damit es diese mit der Zunge und den Zähnen sucht und nicht darauf verfällt, die Trense auf die Laden zu drücken.

(10) Wenn aber jemand nicht weiß, was bei einer Trense gelenkig und starr heißt, will ich auch dies kurz beschreiben: Gelenkig bedeutet, dass die Achsen[Z] weite und glatte Gelenke haben, dass sie sich leicht bewegen lassen. Alles, was um die Achsen gelegt wird, ist gelenkiger, wenn es weite Öffnungen hat und nicht dicht beisammen ist. (11) Wenn aber beschwerlich jeder Teil der Trense durchläuft und sich mitdreht, dann ist dies das Starrsein. Wie immer sie auch beschaffen sei, muss man mit ihr all dieses auf dieselbe Art machen, wenn man dem Pferd ein solches Ansehen geben will, wie oben beschrieben wurde (s. o. 10,1–5).

(12) Man soll den Mund des Pferdes weder zu unangenehm anziehen, so dass das Pferd sich wehrt, noch auch zu locker, dass es nichts spürt. Wenn man das Pferd aber anhält und es dadurch den Nacken hebt, muss man sofort den Zügel locker lassen. Im übrigen muss man, wie wir nicht aufhören zu sagen, jedes Mal, wenn das Pferd etwas gut macht, ihm etwas Angenehmes erweisen. (13) Wenn man dann merkt, dass das Pferd an der Erhebung des Nackens und der weichen Führung (leichte Hand) seine Freude hat, darf man dabei keine schweren Aufträge geben, als ob man es zwingen wollte, sich anzustrengen, sondern muss ihm schmeicheln. Wenn man eine Reitübung machen will, wird es so nämlich am mutigsten zum schnellen Lauf anspringen. (14) Dass

ἵππος ἥδεται τεκμήριον· ἐκφυγὼν γὰρ οὐδεὶς βάδην πορεύεται, ἀλλὰ θεῖ. τούτῳ γὰρ πέφυκεν ἥδεσθαι, ἢν μή τις πλείω τοῦ καιροῦ θεῖν ἀναγκάζῃ· ὑπερβάλλον δὲ τὸν καιρὸν οὐδὲν τῶν πάντων ἡδὺ οὔτε ἵππῳ οὔτε ἀνθρώπῳ.

(15) ὅταν γε μὴν εἰς τὸ ἱππάζεσθαι μετὰ τοῦ κυδροῦ ἀφιγμένος ᾖ, εἰθισμένος μὲν δήπου ἡμῖν ἦν ἐν τῇ πρώτῃ ἱππασίᾳ ἐκ τῶν στροφῶν εἰς τὸ θᾶττον ὁρμᾶσθαι. ἢν δέ τις τοῦτο μὲν μεμαθηκότος αὐτοῦ ἅμα ἀντιλαμβάνηταί τε τῷ χαλινῷ καὶ σημήνῃ τῶν ὁρμητηρίων τι, οὕτως ὑπὸ μὲν τοῦ χαλινοῦ πιεσθείς, ὑπὸ δὲ τοῦ ὁρμᾶν σημανθῆναι ἐγερθείς, καὶ προβάλλεται μὲν τὰ στέρνα, αἴρει δὲ ἄνω τὰ σκέλη ὀργιζόμενος, οὐ μέντοι ὑγρά γε· οὐ γὰρ μάλα ὅταν λυπῶνται ὑγροῖς τοῖς σκέλεσιν ἵπποι χρῶνται. (16) ἢν δέ τις οὕτως ἀνεζωπυρημένῳ αὐτῷ δῷ τὸν χαλινόν, ἐνταῦθ' ὑφ' ἡδονῆς τῷ διὰ τὴν χαλαρότητα τοῦ στομίου λελύσθαι νομίζειν, κυδρῷ μὲν τῷ σχήματι, ὑγροῖν δὲ τοῖν σκελοῖν γαυριώμενος φέρεται, παντάπασιν ἐκμιμούμενος τὸν πρὸς ἵππους καλλωπισμόν. (17) καὶ οἱ θεώμενοι τὸν ἵππον τοιοῦτον ἐπικαλοῦσιν ἐλευθέριόν τε καὶ ἐθελουργὸν καὶ ἱππαστὴν καὶ θυμοειδῆ καὶ σοβαρὸν καὶ ἅμα ἡδύν τε καὶ γοργὸν ἰδεῖν. καὶ ταῦτα μὲν δή, ἢν τούτων τις ἐπιθυμήσῃ, μέχρι τούτων ἡμῖν γεγράφθω.

das Pferd am Rennen seine Freude hat, zeigt folgendes Beispiel: Beim Ausreißen geht kein Pferd im Trab, sondern es rennt (galoppiert). Es ist ihm ja angeboren, dass es seine Freude daran hat, wenn man es nur nicht übermäßig zu rennen zwingt, denn alles, was das rechte Maß übersteigt, ist weder einem Pferd noch einem Menschen angenehm.

(15) Wenn es nun so weit gekommen ist, dass das Pferd beim Reiten mit Stolz geht, war es ja schon bei der ersten Reitübung von den Wendungen daran gewöhnt, zum schnelleren Lauf anzuspringen. Wenn man nun, nachdem es dies gelernt hat, das Pferd zugleich mit dem Zügel zurückhält und ihm ein Zeichen[Z] zum Vorwärtsgehen gibt, wird es, da es ja durch den Zügel gehindert wird, dem Zeichen entsprechend aber vorwärts will, gereizt, wirft die Brust vor und hebt die Schenkel höher, aber weil es zornig ist, nicht geschmeidig. Die Pferde gebrauchen die Schenkel ja nicht geschmeidiger, wenn ihnen weh getan wird. (16) Gibt man ihm aber, wenn es so angefeuert wird, die Zügel, rennt es aus Vergnügen, weil es wegen der Schlaffheit der Zügel das Mundstück los zu sein glaubt. Es sprengt dann mit Stolz und Erhabenheit und mit geschmeidigen Schenkeln stolz dahin und ahmt ganz seine schöne Haltung bei anderen Pferden nach. (17) Die Zuschauer nennen ein solches Pferd edel, unverdrossen, zugeritten, beherzt und stolz und zugleich von angenehmem und lebhaftem Aussehen. So viel also soll darüber, was einer dazu wissen wollen könnte, bis hierhin von uns geschrieben sein.

11 (1) ἢν δέ τις ἄρα βουληθῇ καὶ πομπικῷ καὶ μετεώρῳ καὶ λαμπρῷ ἵππῳ χρήσασθαι, οὐ μάλα μὲν τὰ τοιαῦτα ἐκ παντὸς ἵππου γίγνεται, ἀλλὰ δεῖ ὑπάρξαι αὐτῷ καὶ τὴν ψυχὴν μεγαλόφρονα καὶ τὸ σῶμα εὔρωστον. (2) οὐ μέντοι ὅ γε οἴονταί τινες τὸν τὰ σκέλη ὑγρὰ ἔχοντα καὶ τὸ σῶμα αἴρειν δυνήσεσθαι, οὕτως ἔχει· ἀλλὰ μᾶλλον ὃς ἂν τὴν ὀσφῦν ὑγράν τε καὶ βραχεῖαν καὶ ἰσχυρὰν ἔχῃ καὶ οὐ τὴν κατ' οὐρὰν λέγομεν, ἀλλ' ᾗ πέφυκε μεταξὺ τῶν πλευρῶν καὶ τῶν ἰσχίων κατὰ τὸν κενεῶνα, οὗτος δυνήσεται πόρρω ὑποτιθέναι τὰ ὀπίσθια σκέλη ὑπὸ τὰ ἐμπρόσθια. (3) ἢν οὖν τις ὑποτιθέντος αὐτοῦ ἀνακρούῃ τῷ χαλινῷ, ὀκλάζει μὲν τὰ ὀπίσθια ἐν τοῖς ἀστραγάλοις, αἴρει δὲ τὸ πρόσθεν σῶμα, ὥστε τοῖς ἐξ ἐναντίας φαίνεσθαι τὴν γαστέρα καὶ τὰ αἰδοῖα. δεῖ δὲ καὶ ὅταν ταῦτα ποιῇ διδόναι αὐτῷ τὸν χαλινόν, ὅπως τὰ κάλλιστα ἵππου ἑκόντα ποιῆσαι δοκῇ τοῖς ὁρῶσιν.

(4) εἰσὶ μέντοι οἳ καὶ ταῦτα διδάσκουσιν οἱ μὲν ῥάβδῳ ὑπὸ τοὺς ἀστραγάλους κρούοντες, οἱ δὲ καὶ βακτηρίᾳ παρατρέχοντά τινα κελεύοντες ὑπὸ τὰς μηριαίας παίειν. (5) ἡμεῖς γε μέντοι τὸ κράτιστον τῶν διδασκαλίων νομίζομεν, ὥσπερ ἀεὶ λέγομεν, ἢν ἐν παντὶ παρέπηται τὸ ἐν ᾧ ἂν ποιήσῃ τῷ ἀναβάτῃ κατὰ γνώμην τυγχάνειν ῥᾳστώνης παρ' αὐτοῦ. (6) ἃ μὲν γὰρ ὁ ἵππος ἀναγκαζόμενος ποιεῖ, ὥσπερ καὶ Σίμων λέγει, οὔτ' ἐπίσταται οὔτε καλά ἐστιν οὐδὲν μᾶλλον ἢ εἴ τις ὀρχηστὴν μαστιγῶν καὶ κεντρίζων ῥυθμίζοι· πολὺ γὰρ ἂν πλείω ἀσχημονοίη ἢ καλὰ ποιοίη ὁ τοιαῦτα πάσχων καὶ ἵππος καὶ ἄνθρωπος. ἀλλὰ δεῖ ἀπὸ σημείων ἑκόντα πάντα τὰ κάλλιστα καὶ λαμπρότατα

Dressur für Prozessionen

11 (1) Wenn jemand ein Paradepferd mit erhabener und prächtiger Haltung haben will, muss gesagt werden, dass sich so etwas nicht aus jedem Pferd machen lässt. Ein stolzer Charakter und ein starker Körper sind erste Vorbedingung. (2) Wenn jedoch einige glauben, dass ein Pferd, das geschmeidige Schenkel besitzt, auch den Körper in die Höhe aufrichten könne, stimmt das nicht ohne weiteres. Vielmehr ist dazu auch eine geschmeidige, kurze und starke Lende erforderlich. Wir sprechen hier nicht von der zum Schweif hin gelegenen Partie, sondern von der zwischen den Seiten und Hüften gegen die Flanke hin liegenden. Ein solches Pferd wird die Hinter- weit unter die Vorderschenkel setzen können. (3) Wenn man das Pferd mit dem Zügel durchhält, während es die Hinterhand nach vorn untersetzt, beugt es die Hinterbeine in den Sprunggelenken, die Vorderpartie aber hebt es in die Höhe, so dass den Gegenüberstehenden Bauch und Schamteile sichtbar werden (»Pesade« oder »Levade«). Man muss ihm aber auch, wenn es dies tut, die Zügel nachgeben, damit es das, was das Schönste am Pferd ist, den Zuschauern gerne zu tun scheine.

(4) Einige lehren dies, indem sie mit einem Stock unter die Sprunggelenke schlagen oder dadurch, dass sie einen Reitknecht mit einem Stock daneben herlaufen lassen, der das Pferd unter die Hüften schlagen muss. (5) Wir aber halten es – wie wir immer sagen – für die beste Schule, wenn bei jeder Übung, die das Pferd nach dem Willen des Reiters gut ausführt, ihm gleich darauf vom Reiter wieder eine Pause gegönnt wird. (6) Was das Pferd gezwungen tut, versteht es nämlich, wie auch schon Simon[E] gesagt hat, nicht und es ist auch nicht schön, ebenso wenig wie man einen Tänzer anpeitscht oder ihm den Sporn[Z] gibt. Eher wird nämlich ein Pferd – wie ein Mensch – bei solcher Behandlung etwas schlecht machen, als es richtig ausführen. Es muss also auf gegebene Zeichen[Z] hin die Übung gern tun und kann sich dann

ἐπιδείκνυσθαι. (7) ἢν δὲ καί, ὅταν μὲν ἱππάζηται, μέχρι πολλοῦ ἱδρῶτος ἐλαύνηται, ὅταν δὲ καλῶς μετεωρίζῃ ἑαυτόν, ταχύ τε καταβαίνηται καὶ ἀποχαλινῶται, εὖ χρὴ εἰδέναι ὅτι ἑκὼν εἶσιν εἰς τὸ μετεωρίζειν ἑαυτόν· (8) ἐπὶ τῶν τοιούτων δὴ ἱππαζόμενοι ἵππων καὶ θεοὶ καὶ ἥρωες γράφονται, καὶ ἄνδρες οἱ καλῶς χρώμενοι αὐτοῖς μεγαλοπρεπεῖς φαίνονται. (9) οὕτω δὲ καὶ ἔστιν ὁ μετεωρίζων ἑαυτὸν ἵππος σφόδρα ἢ καλὸν ἢ δεινὸν ἢ ἀγαστὸν ἢ θαυμαστόν, ὡς πάντων τῶν ὁρώντων καὶ νέων καὶ γεραιτέρων τὰ ὄμματα κατέχειν. οὐδεὶς γοῦν οὔτε ἀπολείπει αὐτὸν οὔτε ἀπαγορεύει θεώμενος, ἔστ᾽ ἄν περ ἐπιδεικνύηται τὴν λαμπρότητα.

(10) ἢν γε μήν ποτε συμβῇ τινι τῶν τοιοῦτον ἵππον κεκτημένων ἢ φυλαρχῆσαι ἢ ἱππαρχῆσαι, οὐ δεῖ αὐτὸν τοῦτο σπουδάζειν, ὅπως αὐτὸς μόνος λαμπρὸς ἔσται, ἀλλὰ πολὺ μᾶλλον ὅπως ὅλον τὸ ἑπόμενον ἀξιοθέατον φανεῖται. (11) ἢν μὲν οὖν ἡγῆται ὡς μάλιστα ἐπαινοῦσι τοὺς τοιούτους ἵππους, ὃς ἂν ἀνωτάτω αἰρόμενος καὶ πυκνότατα τὸ σῶμα βραχύτατον προβαίνῃ, δῆλον ὅτι καὶ βάδην ἕποιντ᾽ ἂν οἱ ἄλλοι ἵπποι αὐτῷ. ἐκ δὲ ταύτης τῆς ὄψεως τί ἂν καὶ λαμπρὸν γένοιτ᾽ ἄν; (12) ἢν δὲ ἐξεγείρας τὸν ἵππον ἡγῇ μήτε τῷ ἄγαν ταχεῖ μήτε τῷ ἄγαν βραδεῖ, ὡς δ᾽ εὐθυμότατοι ἵπποι καὶ γοργότατοι καὶ πονεῖν εὐσχημονέστατοι γίγνονται, – ἐὰν ἡγῇ αὐτοῖς οὕτως, ἁθρόος μὲν ἂν ὁ κτύπος, ἁθρόον δὲ τὸ φρύαγμα καὶ τὸ φύσημα τῶν ἵππων συμπαρέποιτο, ὥστε οὐ μόνον αὐτὸς ἀλλὰ καὶ πάντες οἱ συμπαρεπόμενοι ἀξιοθέατοι ἂν φαίνοιντο.

(13) ἢν γε μήν τις καλῶς μὲν ἱππωνήσῃ, τρέφῃ δὲ ὡς πόνους δύνασθαι ὑποφέρειν, ὀρθῶς δὲ χρῆται καὶ ἐν τοῖς πρὸς

aufs Schönste und Herrlichste zeigen. (7) Wenn es geritten wird und dabei, bis zu starkem Schweißausbruch getrieben wird und sich sehr anstrengt, soll man, nachdem es sich schön hochgehoben hat (s. o. 11,3), schnell absteigen und es abzäumen lassen. Man darf dann versichert sein, dass es gern darangehen wird, sich hoch zu heben. (8) Auf solchen Pferden werden auch Götter und Heroen reitend gemalt, und die Männer, welche gut mit ihnen umzugehen wissen, sehen prächtig aus. (9) Und in der Tat ist ein solches Pferd, das sich hoch hebt, etwas so Schönes, Bewunderns- und Staunenswürdiges, dass es die Blicke aller Zuschauer, junger ebenso wie älterer, auf sich zieht. Daher wird keiner müde, es anzuschauen, solange es sich in seiner Pracht zeigt.

(10) Wenn nun einmal einer von denen, die ein solches Pferd besitzen, zum *Phylarchos*[R] oder *Hipparchos*[R] ernannt wird, sollte er sich nicht allein darum bemühen, nur selbst prächtig beritten zu sein, sondern auch, dass sein ganzes Gefolge sehenswert erscheine. (11) Wenn er auf einem solchen Pferd voranreitet, wie man es am meisten lobt – also einem, das seinen Körper sehr hoch und sehr oft in die Höhe hebt und in ganz kurzen Schritten vorwärtsgeht –, ist offenbar, dass ihm die anderen Pferde auch im Schritt folgen werden. Was kann es aber bei einem solchen Anblick noch Glänzenderes geben? (12) Wenn er sein Pferd ermuntert und dabei weder zu schnell noch zu langsam voranreitet, sondern derart, wie sehr hitzige Pferde am stolzesten und in der Versammlung am schönsten in ihrer Haltung werden – wenn er also seinen Leuten so voranreitet, werden gemeinsam der Hufschlag und gemeinsam das Schnauben der Pferde geschehen, dass nicht nur er, sondern auch alle, die ihm folgen, sehenswert erscheinen.

(13) Hat also jemand Pferde gut eingekauft und zieht er sie so auf, dass sie Anstrengungen ertragen können, behandelt er sie dann noch richtig sowohl bei den Übungen für den Krieg als

πόλεμον μελετήμασι καὶ ἐν ταῖς πρὸς ἐπίδειξιν ἱππασίαις καὶ ἐν τοῖς πολεμικοῖς ἀγωνίσμασι, τί ἔτι ἐμποδὼν τούτῳ μὴ οὐχὶ πλείονός τε ἀξίους ἵππους ποιεῖν ἢ οἵους ἂν παραλαμβάνῃ, καὶ εὐδοκίμους μὲν ἵππους ἔχειν, εὐδοκιμεῖν δὲ αὐτὸν ἐν τῇ ἱππικῇ, ἢν μή τι δαιμόνιον κωλύῃ;

12 (1) γράψαι δὲ βουλόμεθα καὶ ὡς δεῖ ὡπλίσθαι τὸν μέλλοντα ἐφ᾽ ἵππου κινδυνεύειν. πρῶτον μὲν τοίνυν φαμὲν χρῆναι πρὸς τὸ σῶμα τὸν θώρακα πεποιῆσθαι. τὸν μὲν γὰρ καλῶς ἁρμόττοντα ἐκεῖνον φέρει τὸ σῶμα, τὸν δὲ ἄγαν χαλαρὸν οἱ ὦμοι μόνοι φέρουσιν. ὅ γε μὴν λίαν στενὸς δεσμός, οὐχ ὅπλον ἐστίν. (2) ἐπεὶ δὲ καὶ ὁ αὐχήν ἐστι τῶν καιρίων, φαμὲν χρῆναι καὶ τούτῳ ἐξ αὐτοῦ τοῦ θώρακος ὅμοιον τῷ αὐχένι στέγασμα πεποιῆσθαι. τοῦτο γὰρ ἅμα κόσμον τε παρέξει καί, ἢν οἷον δεῖ εἰργασμένον ᾖ, δέξεται ὅταν βούληται τῷ ἀναβάτῃ τὸ πρόσωπον μέχρι τῆς ῥινός. (3) κράνος γε μὴν κράτιστον εἶναι νομίζομεν τὸ βοιωτιουργές· τοῦτο γὰρ αὖ στεγάζει μάλιστα πάντα τὰ ὑπερέχοντα τοῦ θώρακος, ὁρᾶν δὲ οὐ κωλύει. ὁ δ᾽ αὖ θώραξ οὕτως εἰργάσθω ὡς μὴ κωλύειν μήτε καθίζειν μήτ᾽ ἐπικύπτειν. (4) τὰ δὲ περὶ τὸ ἦτρον καὶ τὰ αἰδοῖα καὶ τὰ κύκλῳ αἱ πτέρυγες τοσαῦται καὶ τοιαῦται ἔστωσαν ὥστε στέγειν τὰ βέλη.

(5) ἐπεὶ δὲ καὶ ἡ ἀριστερὰ χεὶρ ἤν τι πάθῃ, καταλύει τὸν ἱππέα, καὶ ταύτῃ ἐπαινοῦμεν τὸ ηὑρημένον ὅπλον τὴν χεῖρα καλουμένην. τόν τε γὰρ ὦμον σκεπάζει καὶ τὸν βραχίονα καὶ τὸν πῆχυν καὶ τὸ ἐχόμενον τῶν ἡνιῶν, καὶ ἐκτείνεται δὲ καὶ συγκάμπτεται· πρὸς δὲ τούτοις καὶ τὸ διαλεῖπον τοῦ θώρακος ὑπὸ τῇ μασχάλῃ καλύπτει. (6) τήν γε μὴν δεξιὰν ἐπαίρειν δεῖ, ἤν τε ἀκοντίσαι

auch beim Reiten zur Parade und in den kriegerischen Kämpfen, was könnte diesen Mann daran hindern, Pferde noch wertvoller zu machen, als er sie bekam, und Besitzer ruhmvoller Pferde zu werden und selbst in der Reitkunst Ruhmvolles zu leisten, wenn eine Gottheit (*daimonion*) es nicht etwa missgönnte?

Rüstung und Bewaffnung[W]

12 (1) Wir wollen auch noch beschreiben, wie man bewaffnet sein muss, wenn man zu Pferd in den Krieg zieht. Als erstes ist es wichtig, dass der Brustharnisch dem Körper gut angepasst ist, weil einer, der gut passt, vom ganzen Körper getragen wird, während ein zu lockerer nur auf den Schultern ruht; ein zu enger ist hingegen eine Fessel und keine Rüstung. (2) Da aber auch der Nacken zu den gefährdeten Stellen zählt, muss auch für ihn oben am Brustharnisch eine ihm angepasste Bedeckung[W] angebracht werden. Diese wird ja zugleich als Zierde dienen, und wenn sie richtig gearbeitet ist, dem Reiter das Gesicht, wenn er will, bis an die Nase schützen. (3) Was den Helm betrifft, halten wir den in boiotischer Art[W] gefertigten für den vorteilhaftesten, denn dieser bedeckt am besten alles, was aus dem Brustharnisch herausragt, und behindert die Sicht nicht. Auch soll der Brustharnisch so gearbeitet sein, dass er weder im Sitzen noch beim Bücken hinderlich wird. (4) Um den Unterleib und die Schamgegend und ringsherum sollen Schuppen von solcher Größe und Art sein, dass sie diese Teile gut bedecken.

(5) Da auch die linke Hand, wenn etwas auf sie trifft, den Reiter unfähig macht, loben wir auch die dafür erfundene Schutzwaffe, die »Hand« (Zügelfaust) genannt wird[W], denn sie beschützt die Schulter, den Arm, den Ellenbogen und den Teil, der die Zügel hält, und lässt sich ausstrecken und beugen. Außerdem bedeckt sie auch den vom Brustharnisch nicht geschützten Teil unter der Achsel. (6) Die rechte (Hand) aber muss man hochheben, wenn

ἥν τε πατάξαι βουληθῇ. τοῦ μὲν δὴ θώρακος τὸ κωλῦον ταύτῃ ἀφαιρετέον· ἀντὶ δὲ τούτου πτέρυγας ἐν τοῖς γιγγλύμοις προσθετέον ὅπως, ὅταν μὲν διαίρηται, ὁμοίως ἀναπτύσσωνται, ὅταν δὲ καταίρηται, ἐπικλείωνται. (7) τῷ γε μὴν βραχίονι τὸ ὥσπερ κνημὶς παρατιθέμενον βέλτιον ἡμῖν δοκεῖ εἶναι ἢ συνδεθὲν τῷ ὅπλῳ. τό γε μὴν ψιλούμενον αἰρομένης τῆς δεξιᾶς στεγαστέον ἐγγὺς τοῦ θώρακος ἢ μοσχείῳ ἢ χαλκείῳ· εἰ δὲ μή, ἐν τῷ ἐπικαιροτάτῳ ἀφύλακτον ἔσται.

(8) ἐπεὶ δ' ἤνπερ τι πάσχῃ ὁ ἵππος, ἐν παντὶ κινδύνου καὶ ὁ ἀναβάτης γίγνεται, ὁπλίζειν δεῖ καὶ τὸν ἵππον προμετωπιδίῳ καὶ προστερνιδίῳ καὶ παραμηριδίοις· ταῦτα γὰρ ἅμα καὶ τῷ ἀναβάτῃ παραμηρίδια γίγνεται. πάντων δὲ μάλιστα τοῦ ἵππου τὸν κενεῶνα δεῖ σκεπάζειν· καιριώτατον γὰρ ὂν καὶ ἀφαυρότατόν ἐστι· δυνατὸν δὲ σὺν τῷ ἐφιππίῳ καὶ αὐτὸν σκεπάσαι. (9) χρὴ δὲ καὶ τὸ ἔποχον τοιοῦτον ἐρράφθαι ὡς ἀσφαλέστερόν τε τὸν ἱππέα καθῆσθαι καὶ τὴν ἕδραν τοῦ ἵππου μὴ σίνεσθαι. καὶ τὰ μὲν δὴ ἄλλα οὕτω καὶ ὁ ἵππος καὶ ὁ ἱππεὺς ὡπλισμένοι ἂν εἶεν.

(10) κνῆμαι δὲ καὶ πόδες ὑπερέχοιεν μὲν ἂν εἰκότως τῶν παραμηριδίων, ὁπλισθείη δ' ἂν καὶ ταῦτα, εἰ ἐμβάδες γένοιντο σκύτους, ἐξ οὗπερ αἱ κρηπῖδες ποιοῦνται· οὕτω γὰρ ἂν ἅμα ὅπλον τε κνήμαις καὶ ποσὶν ὑποδήματ' ἂν εἴη. (11) ὡς μὲν δὴ μὴ βλάπτεσθαι θεῶν ἵλεων ὄντων ταῦτα ὅπλα.

man den Wurfspeer werfen oder einen Hieb führen will. Vom Brustharnisch muss also das, was hier hinderlich ist, weggenommen werden. Statt dessen aber muss man Schuppen bei den Gelenken des Oberarms ansetzen, die sich, wenn er hochgehoben wird, gleichmäßig öffnen, wenn er aber gesenkt wird, wieder schließen. (7) Um ferner den (rechten) Arm zu schützen, scheint uns die wie eine Beinschiene angelegte Bedeckung besser zu sein als eine mit der Rüstung fest verbundene. Der Teil, der entblößt wird, wenn man den rechten Arm hebt, muss nahe am Brustharnisch mit einer Bedeckung aus Kalbsleder oder aus Bronze versehen werden. Anderenfalls wird (der Körper) an der gefährdetsten Stelle ungeschützt sein.

(8) Wenn dem Pferd etwas zustößt, gerät auch der Reiter in Gefahr; daher muss man auch das Pferd mit Schutzwaffen versehen, und zwar mit einem Stirn- und einem Brustschild und auch mit Oberschenkelpanzern, denn diese werden gleichzeitig auch für den Reiter zu Oberschenkelpanzern. Am wichtigsten ist es aber, beim Pferd die Weichen zu bedecken, denn diese Stelle ist die schwächste und dadurch die gefährdetste. Man kann sie mit der Reitdecke[Z] schützen. (9) Auch die Unterlage[Z] muss so genäht sein, dass der Reiter sicherer sitzt und die Aufsitzstelle[K] des Pferdes nicht beschädigt. So werden auch durch die übrigen (Bedeckungen) sowohl das Pferd als auch der Reiter mit Schutzwaffen gut versehen sein.

(10) Die Schienbeine und Füße (des Reiters) werden erwartungsgemäß unter dem Oberschenkelpanzer herausragen. Aber auch sie können mit Schutzwaffen versehen werden, wenn man eine Fußbekleidung aus Sohlenleder verfertigt. Solche Stiefel können den Schienbeinen als Schutzkleidung, den Füßen als Schuhe dienen. (11) Alle diese Waffen dienen dazu, nicht verwundet zu werden, wenn die Götter gnädig sind.

ὡς δὲ τοὺς ἐναντίους βλάπτειν, μάχαιραν μὲν μᾶλλον ἢ ξίφος ἐπαινοῦμεν· ἐφ' ὑψηλοῦ γὰρ ὄντι τῷ ἱππεῖ κοπίδος μᾶλλον ἡ πληγὴ ἢ ξίφους ἀρκέσει. (12) ἀντί γε μὴν δόρατος καμακίνου, ἐπειδὴ καὶ ἀσθενὲς καὶ δύσφορόν ἐστι, τὰ κρανέϊνα δύο παλτὰ μᾶλλον ἐπαινοῦμεν. καὶ γὰρ ἐξαφεῖναι τὸ ἕτερον δυνατὸν τῷ ἐπισταμένῳ, καὶ τῷ λειπομένῳ οἷόν τε χρῆσθαι καὶ εἰς τὸ ἀντίον καὶ εἰς τὰ πλάγια καὶ εἰς τοὔπισθεν· καὶ ἅμα ἰσχυρότερά τε τοῦ δόρατος καὶ εὐφορώτερά ἐστιν.

(13) ἀκόντισμά γε μὴν τὸ μακρότατον ἐπαινοῦμεν· καὶ γὰρ ἀποστρέψαι καὶ μεταλαβεῖν παλτὸν οὕτω μᾶλλον ὁ χρόνος ἐγχωρεῖ. γράψομεν δὲ ἐν βραχεῖ καὶ ὡς ἄν τις κράτιστα ἀκοντίζοι. ἢν γὰρ προβαλλόμενος μὲν τὰ ἀριστερά, ἐπανάγων δὲ τὰ δεξιά, ἐξανιστάμενος δὲ ἐκ τῶν μηρῶν, μικρὸν ἐπανακύπτουσαν τὴν λόγχην ἀφῇ, οὕτω σφοδρότατόν τε καὶ μακρότατον οἴσεται τὸ ἀκόντιον, εὐστοχώτατον μέντοι, ἐὰν κατὰ τὸν σκοπὸν ἀφιεμένη ἀεὶ ὁρᾷ ἡ λόγχη.

(14) καὶ ταῦτα μὲν δὴ ἰδιώτῃ καὶ ὑπομνήματα καὶ μαθήματα καὶ μελετήματα γεγράφθω ἡμῖν. ἃ δὲ ἱππάρχῳ προσῆκεν εἰδέναι τε καὶ πράττειν ἐν ἑτέρῳ λόγῳ δεδήλωται.

Um aber den Feinden zu schaden, halten wir den Dolch für besser als das lange Schwert. Da ja der Reiter sehr hoch sitzt, wird ihm der Hieb mit dem Hiebschwert mehr nützen als der mit dem langen Schwert. (12) Statt eines Speeres mit langem Schaft, der schwach und zudem sperrig zu tragen ist, empfehlen wir eher zwei Wurfspieße aus Hartriegel (Kornelkirschbaum). Den einen kann man nämlich schleudern, wenn man es versteht, den anderen vorne, nach den Seiten und nach hinten einsetzen. Sie sind außerdem auch stärker und besser zu tragen als der Speer.

(13) Den Wurfspeer auf die weiteste Entfernung zu schleudern, wo man den Feind noch treffen kann, halten wir für richtig, denn so reicht die Zeit eher, sich umzuwenden und den anderen Wurfspieß zu ergreifen. Wir wollen aber auch kurz beschreiben, wie man am besten den Wurfspeer schleudern kann. Wenn man nämlich die linke Seite vorbeugt und die rechte Seite zurückzieht, sich aus den Oberschenkeln aufrichtet und die Spitze ein wenig in die Luft gehalten loswirft, wird der Wurfspeer auf diese Art mit der größten Wucht und am weitesten fliegen – am sichersten jedoch, wenn die Spitze beim Werfen immer auf das Ziel gerichtet ist.

(14) So viel nun möge für einen Laien als Memorandum[X], Lehr- und Übungsbuch genügen. Was aber ein *Hipparchos*[R] wissen und tun muss, ist in einer anderen Abhandlung[H] dargelegt.

BEILAGEN

SIMON: FRAGMENTE ZUR REITKUNST

Frg. 1 Blaß

(1) δοκεῖ μοι περὶ ἰδέας ἱππικῆς δεῖν πρῶτον εἰδέναι καλῶς τοῦτο τὸ μάθημα, τὴν πατρίδα γιγνώσκειν ὡς ἔστιν κατά γε τὴν Ἑλλάδα χώραν κρατίστη ἡ Θετταλία.

(2) τὸ δὲ μέγεθος τρία τῶν ὀνομάτων ἐπιδέχεται· μέγα, μικρόν, εὐμέγεθες, ἢ εἰ βούλει σύμμετρον, καὶ δῆλον ἐφ' οὗ τῶν ὀνομάτων ἁρμόσει ἕκαστον· κράτιστον δὲ ἐν παντὶ ζῴῳ ἡ συμμετρία. (3) χρόαν δὲ οὐκ ἔχω ἵππων ἀρίστην ὁρίσαι δοκεῖ δέ μοι ὅμως, ἥ τις ὁμόχρους ἐστιν αὐτῇ ἑαυτῇ ὅλῃ καὶ εὔθριξ μάλιστα, ἀρίστη εἶναι ὡς ἐπὶ πολὺ ἢ ἡ πορρωτάτω ὄνου καὶ ἡμιόνου. (4) ὃ δὲ οὐδενὸς εἰς διάσκεψιν ἔλαττον, δεῖ τὸν ἵππον ἄνω μὲν εἶναι βραχύν, κάτωθεν δὲ μακρόν, οἷον ἀπὸ μὲν τῆς ἀκρωμίας ἐπὶ τὰ ἰσχία βραχὺ τὸ χωρίον ἔχειν, ἀπὸ δὲ τῶν ὀπισθίων μηρῶν ἐπὶ τὰ ἔμπροσθεν μακρὸν ὡς πλεῖστον, εἶτα εὔποδα εἶναι.

(5) ὁπλὴ μὲν οὖν ἀγαθὴ ἵππῳ ἀγαθὸν καὶ τὰ τοῦ ἵππου σκέλη ἐλαφρὰ καὶ εὔφορα καὶ μήτε πλατέα μήτε ὑψηλὰ ἄγαν, ὀλίγον δὲ τὸν ὄνυχα παχὺν ἔχει. ἔστι δὲ αὐτῇ τεκμήριον καὶ ὁ ψόφος τῆς ὁπλῆς τῆς ἀγαθῆς· κυμβαλίζει γὰρ ἡ κοίλη μᾶλλον ἢ ἡ πλήρης

BEILAGEN

SIMONE[E]: FRAGMENTE ZUR REITKUNST

Frg. 1

(1) Es scheint mir, dass man für das Aussehen des Pferdes zuerst folgende Lehre gut kennen muss: Man muss nämlich vom Heimatland wissen, dass jedenfalls im Gebiet von Griechenland das stärkste Thessalien ist.

(2) Die Größe ermöglicht drei Bezeichnungen: groß, klein, von guter Größe oder, wenn man will, im rechten Maßverhältnis (»symmetrisch«); es ist offenbar, wozu jeder dieser Begriffe passen wird. Das Stärkste an jedem Lebewesen ist das rechte Maßverhältnis (»Symmetrie«). (3) Zur Farbe der Pferde vermag ich nicht die beste anzugeben. Es scheint mir aber diejenige, die mit sich selbst völlig gleichfarbig und am meisten schönhaarig ist, die beste zu sein, oder jedenfalls diejenige, die am weitesten entfernt ist von der des Esels oder Maultieres. (4) Was aber für die Begutachtung keineswegs geringer ist: Es muss das Pferd oben kurz, unten aber lang sein, also vom Schulterknochen (Widerrist)[K] zu den Hüften (Kruppe)[K] einen kurzen Raum haben, von den hinteren Oberschenkeln zu den vorderen einen möglichst großen; zudem soll es gute Füße haben.

(5) Ein guter Huf also ist für ein Pferd etwas Gutes, ebenso auch die behenden, gut tragenden, nicht dicken und nicht allzu hohen Unterschenkel; es hat aber eine kleine dicke Hufwand[K]. Es gibt als Beleg dafür den Klang des guten Hufes: Wie ein *Kymbalon*[G] nämlich klingt eher der hohle Huf als der volle und fleischige.

καὶ σαρκώδης. τὸ δὲ μετακύνιον ἐχέτω ὑγρόν, κυνοβάτης δὲ μὴ ἔστω· δασέα δὲ καὶ παρὰ τὰς κνήμας ἐχέτω τὰ περὶ τὴν περόνην [ἰσχία] καὶ τὴν κνήμην καὶ νευρώδη καὶ ἄσαρκα ὡς μάλιστα ἄχρι τοῦ γόνατος, τὰ δὲ ἄνωθεν τούτου καὶ σαρκωδέστερα καὶ ἰσχυρότερα. (6) τὴν δὲ διάστασιν τοῖν σκελοῖν ἐχέτω ὡς μεγίστην. τὰ δὲ στήθη μὴ στενὰ ἔχων λίαν μηδὲ πλατέα ἄγαν καὶ τὴν ὠμοπλάτην ὡς μεγίστην καὶ πλατυτάτην, τὴν δὲ μασχάλην μικράν, τὸν αὐχένα καὶ τὴν προτομὴν ὀρθὸν ἐχέτω, μὴ τὴν ἔκφυσιν ἀνάσιμον εἰς τὴν ἀκρωμίαν ὡς παχυτάτην καὶ πλατυτάτην. παρὰ δὲ τὴν σιαγόνα ὁ αὐχὴν ἔστω λεπτός, ὑγρός, ἀνάσιμος εἰς τοὔπιθεν, πάλιν δὲ ἐκ τοῦ λεπτοτάτου εἰς τὰ πρόσθεν κατακαμπτέσθω. (7) καὶ τὴν κεφαλὴν προαγέτω δὴ καὶ μὴ βραχὺς ἔστω ὁ αὐχήν, τὴν δὲ κορυφὴν ὑψηλὴν ἐχέτω, ἡ δὲ κεφαλὴ ἐπισημότατ᾽ ἐλαφρά· τὼ δὲ μυκτῆρε ὡς μεγίστω, τὼ δὲ γνάθω μὴ παχείας καὶ ὁμαλὰς πρὸς ἀλλήλας, τὼ δὲ ὀφθαλμὼ μεγάλω, ἔξω δὲ ὡς μάλιστα καὶ ἰδεῖν λαμπρώ, τὰ δὲ ὦτα μικρὰ καὶ τοὺς ὀδόντας, τὴν δὲ σιαγόνα ὡς μικροτάτην, τὰ δὲ μεταξὺ τοῦ αὐχένος καὶ τῆς σιαγόνος ὡς λαγαρώτατα.

(8) τὴν δὲ ἀκρωμίαν ὡς μεγίστην καὶ τὴν ῥάχιν, τὰς δὲ πλευρὰς πλατυτάτας καὶ καθειμένας κάτω, τὴν δὲ ὀσφὺν ἐχέτω ὑγράν – γνοίη δ᾽ ἄν τις τὴν ὑγράν, εἰ μὴ ἐν ἀμφοῖν τοῖν σκελοῖν σταίη, ἀλλ᾽ ὡς τὰ πολλὰ εἰς τὸ ἕτερον μεταβαίνοι τοῖν ὄπισθεν σκελοῖν –, τὸ δὲ ἰσχίον μέγιστον καὶ πλατύ, τὴν δὲ λαγόνα ὡς μικροτάτην – αἱ πλευραὶ καὶ αὐταὶ ἔστωσαν πλατεῖαι καὶ ἰσχίον μέγα – μικρότατον δὲ καὶ ἀσθενέστατον τοῦ ἵππου ἡ λαγών . (9) τὰ δὲ μηρία δεῖ μὴ σαρκώδη εἶναι, τοὺς δὲ ὄρχεις ἐχέτω μικρούς. τὸ <δὲ> μεταξὺ τῶν μηριαίων μὴ μετέωρον

Die Fessel soll es geschmeidig haben, sie soll nicht hundetatzig (bärtatzig) sein. Dicht behaart soll es am Schienbein entlang um das Wadenbein (Griffelbein)[K] sein und das Schienbein voller Sehnen und ohne Fleisch, soweit möglich, bis zum Knie, oberhalb von diesem aber fleischiger und stärker. (6) Den Abstand zwischen den beiden Schenkeln soll es möglichst groß haben. Die Brust soll es nicht überaus eng und auch nicht allzu breit haben, und das Schulterblatt möglichst groß und breit, die Ellbogengrube klein, den Nacken und den Vorderkopf soll es gerade haben, den Aufsatz nicht auf den möglichst dicken und breiten Widerrist gebogen. Am Unterkiefer[K] soll der Nacken schmal, geschmeidig und nach hinten gebogen sein und sich wieder aus dem dünnsten Teil nach vorn herabbiegen. (7) Und den Kopf soll es vorstrecken, und der Nacken soll nicht kurz sein und den Scheitel soll es hoch halten. Der Kopf sei ganz bedeutend beweglich. Die beiden Nasenlöcher[K] sollen möglichst groß sein, die beiden Laden[K] nicht dick und einander entsprechend, die beiden Augen groß, möglichst herausstehend und leuchtend anzusehen, die Ohren klein und die Zähne, der Unterkiefer so klein wie möglich, die Partie zwischen Nacken und Unterkiefer möglichst schmal.

(8) Den Schulterknochen (Widerrist[K]) soll es möglichst groß haben, ebenso das Rückgrat, die Rippen möglichst breit und nach unten verlaufend, die Lende geschmeidig – es kann jemand die geschmeidige daran erkennen, dass das Pferd nicht auf beiden Schenkeln steht, sondern (sein Gewicht) möglichst viel auf einen der beiden Schenkel verlegt –; die Hüfte (Kruppe)[K] soll möglichst breit sein, die Lenden (Weichen) möglichst klein – die Rippen sollen auch selbst breit sein und die Hüfte groß –, aber das kleinste und schwächste des Pferdes sollen die Lenden sein. (9) Die Oberschenkel sollen nicht fleischig sein, Hoden aber soll es kleine haben. Die Partie zwischen den Innenseiten der Oberschenkel soll es nicht erhaben haben und nicht voll, sondern ein

ἐχέτω μηδὲ πλῆρες, ἀλλ’ ὀλίγον ἐγκολλότερον. καὶ τὴν ἕδραν ὡς μικροτάτην καὶ ὡς πορρωτάτω <τοῦ> ἰδεῖν. τὴν δὲ κέρκον μετέωρον ἐχέτω καὶ ἐκ τῶν ἰσχίων δασεῖαν καὶ μακράν. (10) περὶ μὲν οὖν εἴδους ἵππων ταῦτα καὶ ὅτι ὁ μὲν ἅπαντα ταῦτα μάλιστα ἔχων ἄριστος, δεύτερος δὲ ὃς τὰ τούτων ἔχει πλεῖστα. ὅσα γὰρ κέκτηται πλεῖστα, τοσαῦτα μεγίστας ὠφελείας παρέχεται.

(11) ἕλκεται δὲ πῶλος ἐκ τῶν πωλίων διέτης. περὶ τοῦτον τὸν χρόνον βάλλει τοὺς πρώτους ὀδόντας τριακοντάμηνος γεγονώς, τοὺς δευτέρους δὲ ἐνιαυτῷ ὕστερον καὶ τοὺς τελευταίους ἑτέρῳ ἐνιαυτῷ καὶ ἐν ἐλάττονι χρόνῳ. ἀκμαῖος <δ’> αὐτὸς ἑαυτοῦ γίγνεται εἴς τε ποδώκειαν καὶ ἰταμότητα ἔργων ἑξέτης γεγονώς.

Frg. 2 Blaß / 1 Rühl: *Suda* s. v. τρίλλη (T 987)
τρίλλη· τί σημαίνει; γέγραπται γὰρ ἐν τῷ τοῦ Ἀθηναίου Σίμωνος Ἱπποϊατρικῷ περὶ γνωρισμάτων φλεβῶν, ὅτι καὶ ἀπὸ τῆς τρίλλης εἰσὶ φλέβες δύο.

Frg. 3 Blaß / 2 Rühl: Iulius Polydeukes (Pollux) 2,69
ὅθεν καὶ Σίμων τοὔνειδος τῆς ἀμαθίας Μίκωνι παρένεγκεν, ὅτι καὶ τὰς κάτω βλεφαρίδας προσέγραψεν ἵππου γραφῇ.

Cf. *Hippiatrica Berolinensia* 59,6 (Oder/Hoppe)
καίτοι πολλοῖς τὰ τοιαῦτα ἠγνοήθη, ὥσπερ Μίκωνι τῷ παλαιῷ, ὃς ᾤετο ἵππου καὶ τὸ κάτω βλέφαρον ἔχειν τρίχας, ἃς καλοῦσιν Ἕλληνες βλεφαρίδας· καθάπτεται γοῦν αὐτοῦ Σίμων τὴν ἄγνοιαν ταύτην αἰτιώμενος.

Frg. 4 Blaß / 3 Rühl: Xenophon, *Peri hippikes* 11,6
ἃ μὲν γὰρ ὁ ἵππος ἀναγκαζόμενος ποιεῖ, ὥσπερ καὶ Σίμων λέγει, οὔτ’ ἐπίσταται οὔτε καλά ἐστιν.

wenig fest gefügter, und das Gesäß[E] so klein und wenig sichtbar wie möglich. Den Schweif soll es hoch tragen und von den Hüften an dicht und lang. (10) Über das Aussehen der Pferde (sei) dies (gesagt), dazu, dass dasjenige das beste ist, das all dies am meisten besitzt, das zweite aber dasjenige, das davon möglichst viel hat. Alles nämlich, was es davon möglichst viel hat, gewährt den größten Nutzen.

(11) Das Fohlen wird aus den Jungfohlen als Zweijähriges genommen. Um diese Zeit wirft es die ersten Zähne ab, im Alter von 30 Monaten; die zweiten aber verliert es ein Jahr später und die letzten nach nochmal einem Jahr und auch in geringerer Zeit. Zur Blüte kommt es bei Schnellfüßigkeit und Keckheit, wenn es sechs Jahre alt geworden ist.

Frg. 2
trille: Was bedeutet es? Geschrieben ist in dem Pferdeheilbuch[P] des Atheners Simon über das Erkennen von Venen, dass es auch von der *trille* aus zwei Venen gibt.

Frg. 3
Daher machte Simon dem Mikon (s. o. S. 22) auch den Vorwurf der Unwissenheit, weil er auch die unteren Wimpern des Pferdes in seinem Bild (in der *Stoa Poikile*[S]) dazugemalt habe.

Dennoch wurde dies von vielen nicht gewusst, etwa von dem alten Mikon, der meinte, dass auch die unteren Augenlider des Pferdes Haare haben, die von den Griechen *blepharides* (Wimpern) genannt werden. Es bezichtigt ihn nun Simon der Unwissenheit.

Frg. 4
Was das Pferd nämlich gezwungen tut, versteht es, wie auch schon Simon gesagt hat, nicht und es ist auch nicht schön.

Frg. 5 Blaß / 4 Rühl: Iulius Polydeukes (Pollux) I 194
καὶ τοῦτο δὲ Σίμωνος· εὔδρομος ὁ ἵππος ὁ ὀλίγον αἴρων ἀπὸ τῆς γῆς ἐν τῷ τρέχειν τὰ σκέλη.

Frg. 6 Blaß / 5 Rühl: Iulius Polydeukes (Pollux) I 204
ἐλαυνέτω δὲ τοῦτον κατ᾽ ἀρχὰς ὁ ἐπιβάτης εἰς τὰ ἄπεδα καὶ λεῖα, τὰς δὲ προσβάσεις καὶ τὰς ἐκεῖθεν καθόδους μὴ αὐτίκα ποιείσθω, ἀλλὰ τὸν ἵππον πλαγιασάτω· οὕτω γὰρ ὁ Σίμων ὠνόμασεν.

Frg. 7 Blaß / 6 Rühl: Iulius Polydeukes (Pollux) I 198
ἀποδεέστερος· Σίμωνος τὸ ὄνομα.

Frg. 5
Auch dies ist von Simon: Wohllaufend ist das Pferd, das die Unterschenkel[K] beim Laufen nur wenig vom Boden hochhebt.

Frg. 6
Es soll der Reiter dieses (Pferd) in ebenes und flaches Gelände treiben, die Aufstiege und Abstiege von dort aber nicht sogleich angehen, sondern das Pferd »schief stellen«; so nannte dies Simon.

Frg. 7
apodeesteros: Begriff bei Simon

DIOGENES LAËRTIOS, LEBEN DES XENOPHON (2,6)

(48) Ξενοφῶν Γρύλλου μὲν ἦν υἱός, Ἀθηναῖος, τῶν δήμων Ἐρχιεύς· αἰδήμων δὲ καὶ εὐειδέστατος εἰς ὑπερβολήν. τούτῳ δὲ ἐν στενωπῷ φασιν ἀπαντήσαντα Σωκράτη διατεῖναι τὴν βακτηρίαν καὶ κωλύειν παριέναι, πυνθανόμενον ποῦ πιπράσκοιτο τῶν προσφερομένων ἕκαστον· ἀποκριναμένου δὲ πάλιν πυθέσθαι· »ποῦ δὲ καλοὶ κἀγαθοὶ γίνονται ἄνθρωποι«· ἀπορήσαντος δέ, »ἕπου τοίνυν,« φάναι, »καὶ μάνθανε.« καὶ τοὐντεῦθεν ἀκροατὴς Σωκράτους ἦν. καὶ πρῶτος ὑποσημειωσάμενος τὰ λεγόμενα εἰς ἀνθρώπους ἤγαγεν, Ἀπομνημονεύματα ἐπιγράψας. ἀλλὰ καὶ ἱστορίαν φιλοσόφων πρῶτος ἔγραψε.

καὶ αὐτόν φησιν Ἀρίστιππος ἐν τετάρτῳ Περὶ παλαιᾶς τρυφῆς ἐρασθῆναι Κλεινίου· πρὸς ὃν καὶ ταῦτα εἰπεῖν· (49) »νῦν γὰρ ἐγὼ Κλεινίαν ἥδιον μὲν θεῶμαι ἢ τἄλλα πάντα <τὰ> ἐν ἀνθρώποις καλά· τυφλὸς δὲ τῶν ἄλλων πάντων δεξαίμην ἂν ἢ Κλεινίου ἑνὸς ὄντος γενέσθαι· ἄχθομαι δὲ καὶ νυκτὶ καὶ ὕπνῳ, ὅτι ἐκεῖνον οὐχ ὁρῶ· ἡμέρᾳ δὲ καὶ ἡλίῳ τὴν μεγίστην χάριν οἶδα, ὅτι μοι Κλεινίαν ἀναφαίνουσι.«

Κύρῳ δὲ φίλος ἐγένετο τοῦτον τὸν τρόπον. ἦν αὐτῷ συνήθης Πρόξενος ὄνομα, γένος Βοιώτιος, μαθητὴς μὲν Γοργίου τοῦ Λεοντίνου, φίλος δὲ Κύρῳ. οὗτος ἐν Σάρδεσι διατρίβων παρὰ τῷ Κύρῳ ἔπεμψεν εἰς Ἀθήνας ἐπιστολὴν Ξενοφῶντι, καλῶν

DIOGENES LAËRTIOS, LEBEN DES XENOPHON (2,6)

(48) Xenophon war der Sohn des Gryllos, ein Athener aus dem Demos Erchia, bescheiden und überaus gutaussehend. Ihn soll Sokrates bei einer Begegnung in einem engen Gässchen mit vorgestrecktem Stock angehalten und am Weitergehen gehindert haben, wobei er fragte, wo man die unterschiedlichen Lebensmittel einkaufen könne. Nach erhaltener Auskunft fragte er weiter: »Wo können denn die Menschen gut und recht werden?« Als jener keinen Rat wusste, habe er gesagt: »Folge mir also und lerne!« Von da an war er ein Schüler des Sokrates. Er hat zuerst die Gespräche aufgezeichnet und den Menschen gebracht, unter dem Titel *Memorabilien.* Aber er war auch der erste unter den Philosophen, der eine Historie (Geschichtswerk) schrieb.

(Laut Xenophon, *Symposion* 4,12, sei Kritobulos), wie Aristippos im 4. Buch seines Werkes *Über die üppige Lebensweise der Alten* (*FHG* II 79) sagt, in Kleinias verliebt gewesen; er habe auch folgendes zu ihm gesagt: (49) »Jetzt ist es mir lieber, den Kleinias anzublicken als alles andere, was es unter Menschen Schönes gibt; blind zu sein für alles andere nähme ich eher auf mich als für den einzigen Kleinias. Ich bekümmere mich nachts und im Schlaf, dass ich ihn nicht sehe, aber dem Tag und der Sonne weiß ich größten Dank, dass sie mir den Kleinias zeigen.«

Dem Kyros wurde er auf folgende Weise zum Freund: Er hatte einen Vertrauten namens Proxenos, einen Boioter, einen Schüler des (Sophisten) Gorgias aus Leontinoi und Freund des Kyros. Dieser schickte aus Sardeis (in Kleinasien), wo er bei Kyros weilte, einen Brief nach Athen an Xenophon, in dem er ihn (nach

αὐτὸν ἵνα γένηται Κύρῳ φίλος. ὁ δὲ τὴν ἐπιστολὴν δεικνύει Σωκράτει καὶ σύμβουλον ᾑρεῖτο. (50) καὶ ὃς ἀπέστειλεν αὐτὸν εἰς Δελφοὺς χρησόμενον τῷ θεῷ. πείθεται Ξενοφῶν· ἥκει παρὰ τὸν θεόν· πυνθάνεται οὐχὶ εἰ χρὴ ἀπιέναι πρὸς Κῦρον, ἀλλ' ὅπως· ἐφ' ᾧ καὶ Σωκράτης αὐτὸν ᾐτιάσατο μὲν, συνεβούλευσε δὲ ἐξελθεῖν. καὶ ὃς γίνεται παρὰ Κύρῳ, καὶ τοῦ Προξένου φίλος οὐχ ἧττον ἦν αὐτῷ. τὰ μὲν οὖν ἄλλα τὰ κατὰ τὴν ἀνάβασιν γενόμενα καὶ τὴν κάθοδον ἱκανῶς αὐτὸς ἡμῖν διηγεῖται. ἐχθρῶς δὲ διέκειτο πρὸς Μένωνα τὸν Φαρσάλιον παρὰ τὸν χρόνον τῆς ἀναβάσεως τὸν ξεναγόν· ὅτε καὶ λοιδορῶν αὐτόν φησιν αὐτοῦ μείζοσι κεχρῆσθαι παιδικοῖς. ἀλλὰ καὶ Ἀπολλωνίδῃ τινὶ ὀνειδίζει τετρῆσθαι τὰ ὦτα.

(51) μετὰ δὲ τήν τ' ἀνάβασιν καὶ τὰς ἐν τῷ Πόντῳ συμφορὰς καὶ τὰς παρασπονδήσεις τὰς Σεύθου τοῦ τῶν Ὀδρυσῶν βασιλέως ἧκεν εἰς Ἀσίαν πρὸς Ἀγησίλαον τὸν τῶν Λακεδαιμονίων βασιλέα, μισθοῦ τοὺς Κύρου στρατιώτας αὐτῷ παρασχών· φίλος τ' ἦν εἰς ὑπερβολήν. παρ' ὃν καιρὸν ἐπὶ Λακωνισμῷ φυγὴν ὑπ' Ἀθηναίων κατεγνώσθη. γενόμενος δ' ἐν Ἐφέσῳ καὶ χρυσίον ἔχων τὸ μὲν ἥμισυ Μεγαβύζῳ δίδωσι τῷ τῆς Ἀρτέμιδος ἱερεῖ φυλάττειν, ἕως ἂν ἐπανέλθοι· εἰ δὲ μή, ἄγαλμα ποιησάμενον ἀναθεῖναι τῇ θεῷ· τοῦ δὲ ἡμίσεος ἔπεμψεν εἰς Δελφοὺς ἀναθήματα. ἐντεῦθεν ἦλθεν εἰς τὴν Ἑλλάδα μετὰ Ἀγησιλάου, κεκλημένου εἰς τὸν πρὸς Θηβαίους πόλεμον· καὶ αὐτῷ προξενίαν ἔδοσαν οἱ Λακεδαιμόνιοι.

Sardeis) einlud, um mit Kyros Freundschaft zu schließen. Er zeigte diesen Brief dem Sokrates und fragte ihn um Rat. (50) Der aber wies ihn (zum Orakel) nach Delphi, um den Gott (Apollon) zu befragen. Es folgte Xenophon dem Rat. Er kam zum Gott und fragte ihn nicht, *ob* er zu Kyros reisen solle, sondern *wie*. Darüber machte Sokrates ihm zwar Vorwürfe, riet ihm aber doch, loszufahren. So kam er zu Kyros und wurde ihm kein geringerer Freund als Proxenos (vgl. Xenophon, *Anabasis* 2,6,16–17). Die anderen Dinge bei dem Heerzug (*anabasis*) und der Rückkehr hat er selbst uns ausreichend erzählt. Verfeindet war er mit Menon aus Pharsalos, dem Söldnerführer zur Zeit des Heerzugs (*anabasis*); ihn schmähte er, dass er Knaben als Lieblinge gehabt habe, die älter gewesen seien als er selbst (vgl. Xenophon, *Anabasis* 2,6,21–28). Einem gewissen Apollonides warf er vor, er habe seine Ohren durchlöchern lassen (vgl. Xenophon, *Anabasis* 3,1,31).

(51) Nach dem Heerzug (*anabasis*), den Unglücksfällen am Pontos und dem Vertragsbruch des Odryserkönigs Seuthes (vgl. Xenophon, *Anabasis* 7,3,7–14) kam er wieder nach (Klein-)Asien zu Agesilaos, dem König der Lakedaimonier (Spartaner), und überließ ihm gegen Bezahlung die Soldaten des Kyros. Befreundet war er mit ihm überaus. Nach dieser Zeit wurde er wegen *Lakonismos* (spartafreundlicher Haltung) von den Athenern zur Verbannung verurteilt (vgl. Xenophon, *Anabasis* 5,3,7). Er kam nach Ephesos und übergab von dem Gold, das er hatte, die Hälfte dem Megabyzos, dem Priester der Artemis, zur Bewahrung, bis er zurückkomme. Anderenfalls solle er eine Statue anfertigen (lassen) und der Göttin weihen (vgl. Xenophon, *Anabasis* 5,3,7). Die andere Hälfte schickte er nach Delphi als Weihgabe. Von dort (Ephesos) kam er nach Griechenland mit Agesilaos, der zum Kampf gegen die Thebaner gerufen worden war. Ihm selbst gewährten die Lakedaimonier die Proxenie (die Ehre eines Gastfreunds der Gemeinde).

(52) ἐντεῦθεν ἐάσας τὸν Ἀγησίλαον ἦλθεν εἰς Σκιλλοῦντα, χωρίον τῆς Ἠλείας ὀλίγον τῆς πόλεως ἀπέχον. εἵπετο δὲ αὐτῷ καὶ γύναιον ὄνομα Φιλησία, καθά φησι Δημήτριος ὁ Μάγνης, καὶ δύο υἱεῖς, Γρύλλος καὶ Διόδωρος, ὥς φησι Δείναρχος ἐν τῷ πρὸς Ξενοφῶντα ἀποστασίου, οἳ καὶ Διόσκουροι ἐπεκαλοῦντο. ἀφικομένου δὲ τοῦ Μεγαβύζου κατὰ πρόφασιν τῆς πανηγύρεως, κομισάμενος τὰ χρήματα χωρίον ἐπρίατο καὶ καθιέρωσε τῇ θεῷ, δι᾽ οὗ ποταμὸς ἔρρει Σελινοῦς, ὁμώνυμος τῷ ἐν Ἐφέσῳ. τοὐντεῦθεν διετέλει κυνηγετῶν καὶ τοὺς φίλους ἑστιῶν καὶ τὰς ἱστορίας συγγράφων. φησὶ δ᾽ ὁ Δείναρχος ὅτι καὶ οἰκίαν καὶ ἀγρὸν αὐτῷ ἔδοσαν Λακεδαιμόνιοι. (53) ἀλλὰ καὶ Φυλοπίδαν τὸν Σπαρτιάτην φασὶν αὐτῷ πέμψαι αὐτόθι δωρεὰν ἀνδράποδα αἰχμάλωτα ἐκ Δαρδάνου· καὶ τὸν διαθέσθαι αὐτὰ ὡς ἠβούλετο·

Ἠλείους τε στρατευσαμένους εἰς τὸν Σκιλλοῦντα [καὶ] βραδυνόντων τῶν Λακεδαιμονίων ἐξελεῖν τὸ χωρίον. ὅτε καὶ τοὺς υἱέας αὐτοῦ εἰς Λέπρεον ὑπεξελθεῖν μετ᾽ ὀλίγων οἰκετῶν, καὶ αὐτὸν Ξενοφῶντα εἰς τὴν Ἦλιν πρότερον, εἶτα [καὶ] εἰς Λέπρεον πρὸς τοὺς παῖδας, κἀκεῖθεν σὺν αὐτοῖς εἰς Κόρινθον διασωθῆναι καὶ αὐτόθι κατοικῆσαι. ἐν τούτῳ δὲ ψηφισαμένων τῶν Ἀθηναίων βοηθεῖν Λακεδαιμονίοις ἔπεμψε τοὺς παῖδας εἰς τὰς Ἀθήνας στρατευσομένους ὑπὲρ τῶν Λακεδαιμονίων. (54) καὶ γὰρ ἐπεπαίδευντο [αὐτόθι] ἐν τῇ Σπάρτῃ, καθά φησι Διοκλῆς ἐν τοῖς Βίοις τῶν φιλοσόφων.

ὁ μὲν οὖν Διόδωρος οὐδὲν ἐπιφανὲς πράξας ἐκ τῆς μάχης ἀνασῴζεται, καὶ αὐτῷ υἱὸς ὁμώνυμος γίνεται τἀδελφῷ. ὁ δὲ

(52) Danach trennte er sich von Agesilaos und kam nach Skillus, einem Ort unweit von der Polis Elis. Es folgten ihm auch seine Frau namens Philesia, wie Demetrios von Magnesia (*Frg.* 17 Mejer) berichtet, und zwei Söhne, Gryllos und Diodoros, wie Deinarchos in seiner *Rede gegen Xenophon* (den Enkel des hier behandelten Xenophon) *wegen der Abtrünnigkeit eines Freigelassenen* sagt (*Frg.* 77 Conomis); sie wurden auch die Dioskuren genannt. Als dann Megabyzos aus Anlass der (olympischen) Festversammlung eintraf und das Geld mitbrachte, kaufte er ein Grundstück und weihte es der Göttin; durch es strömte der Fluss Selinus, gleichen Namens wie der in Ephesos (vgl. Xenophon, *Anabasis* 5,3,7). Dort also hatte er nun seinen Wohnsitz, beschäftigt mit Jagd, Bewirtung seiner Freunde und Abfassung seiner Historien. Es sagt Deinarchos (*ebenda*), dass die Lakedaimonier ihm auch ein Haus und einen Acker gegeben hätten. (53) Aber auch Phylopidas, der Spartiate, habe ihm, sagt man, kriegsgefangene Sklaven aus Dardanos als Geschenk übersandt; er habe nach Belieben über sie verfügt.

Dann seien die Eleer gegen Skillus zu Felde gezogen und hätten, da sich die Lakedaimonier mit ihrer Hilfe verspäteten, den Ort eingenommen. Damals seien seine Söhne mit wenigen Sklaven nach Lepreon (südlich von Skillus) entkommen, Xenophon selbst aber zunächst nach Elis, dann auch nach Lepreon zu seinen Söhnen und von da habe er sich mit ihnen nach Korinth gerettet und sich dort angesiedelt. Als dann die Athener beschlossen, den Lakedaimoniern Hilfe zu leisten, schickte er seine Söhne nach Athen, um für die Lakedaimonier in den Krieg zu ziehen. (54) Sie waren ja in Sparta ausgebildet worden, wie Diokles in den *Biographien der Philosophen* sagt.

Diodoros nun kam, ohne dass er etwas Berühmtes vollbracht hätte, heil aus der Schlacht zurück; er hatte dann einen Sohn,

Γρύλλος τεταγμένος κατὰ τοὺς ἱππέας – ἦν δὲ ἡ μάχη ἡ περὶ τὴν Μαντίνειαν – ἰσχυρῶς ἀγωνισάμενος ἐτελεύτησεν, ὥς φησιν Ἔφορος ἐν τῇ πέμπτῃ καὶ εἰκοστῇ· Κηφισοδώρου μὲν ἱππαρχοῦντος, Ἡγησίλεω δὲ στρατηγοῦντος. ἐν ταύτῃ τῇ μάχῃ καὶ Ἐπαμεινώνδας ἔπεσε. τηνικαῦτα δὴ καὶ τὸν Ξενοφῶντά φασι θύειν ἐστεμμένον· ἀπαγγελθέντος δ᾽ αὐτῷ τοῦ θανάτου ἀποστεφανώσασθαι· ἔπειτα μαθόντα ὅτι γενναίως <ἀριστεύων τέθνηκε>, πάλιν ἐπιθέσθαι τὸν στέφανον. (55) ἔνιοι δὲ οὐδὲ δακρῦσαί φασιν αὐτὸν ἀλλὰ γὰρ εἰπεῖν· »ᾔδειν θνητὸν γεγεννηκώς.« φησὶ δ᾽ Ἀριστοτέλης ὅτι ἐγκώμια καὶ ἐπιτάφιον Γρύλλου μυρίοι ὅσοι συνέγραψαν, τὸ μέρος καὶ τῷ πατρὶ χαριζόμενοι. ἀλλὰ καὶ Ἕρμιππος ἐν τῷ περὶ Θεοφράστου καὶ Ἰσοκράτην φησὶ Γρύλλου ἐγκώμιον γεγραφέναι. Τίμων δ᾽ ἐπισκώπτει αὐτὸν ἐν τούτοις·

ἀσθενική τε λόγων δυὰς ἢ τριὰς ἢ ἔτι πρόσσω,
οἷος Ξεινοφόων ἤτ᾽ Αἰσχίνου οὐκ ἀπιθὴς <ἴς>
γράψαι.

καὶ ὁ μὲν βίος αὐτῷ τοιόσδε. ἤκμαζε δὲ κατὰ τὸ τέταρτον ἔτος τῆς τετάρτης καὶ ἐνενηκοστῆς Ὀλυμπιάδος, καὶ ἀναβέβηκε σὺν Κύρῳ ἐπὶ ἄρχοντος Ξεναινέτου ἑνὶ πρότερον ἔτει τῆς Σωκράτους τελευτῆς.

(56) κατέστρεψε δέ, καθά φησι Στησικλείδης ὁ Ἀθηναῖος ἐν τῇ τῶν ἀρχόντων καὶ Ὀλυμπιονικῶν ἀναγραφῇ, ἔτει πρώτῳ τῆς πέμπτης καὶ ἑκατοστῆς Ὀλυμπιάδος, ἐπὶ ἄρχοντος Καλλιμήδου, ἐφ᾽ οὗ καὶ Φίλιππος ὁ Ἀμύντου Μακεδόνων ἦρξε. τέθνηκε δ᾽ ἐν Κορίνθῳ, ὥς φησι Δημήτριος ὁ Μάγνης, ἤδη δηλαδὴ γηραιὸς

der den gleichen Namen wie sein Bruder führte. Gryllos aber, der bei den Reitern eingesetzt war – es war die Schlacht bei Mantineia[J] – kämpfte tapfer und starb, wie Ephoros im 25. Buch sagt (*FGrHist* 70 F 85); *Hipparchos*[R] war Kephisodoros, *Strategos*[R] Hegesilaos. In dieser Schlacht fiel auch Epameinondas[X]. Damals war Xenophon, sagt man, gerade mit einem Kranz auf dem Kopf am Opfern; als ihm der Tod gemeldet wurde, habe er den Kranz abgesetzt, dann aber, als er erfuhr, dass jener ruhmreich gekämpft habe und gefallen sei, den Kranz wieder aufgesetzt. (55) Einige sagen, er habe nicht geweint, sondern gesagt: »Ich habe gewusst, dass ich einen Sterblichen gezeugt habe.« Es sagt Aristoteles (*Frg.* 68 Rose[3]), dass viele Zehntausende Lob- und Grabreden auf Gryllos verfasst hätten, teils auch dem Vater zuliebe, aber Hermippos (*Frg.* 52 Wehrli) behauptet in seiner Schrift *Über Theophrastos*, auch Isokrates habe eine Lobrede auf Gryllos verfasst. Timon (*Frg.* 26 Diels = 800 *Supplementum Hellenisticum*) jedoch verspottete ihn mit folgenden Versen:

> Schwächliche Reden gibt's zwei oder drei oder mehr noch,
> eben wie Xenophon und nicht unüberzeugend Aischines
> schrieben.

Sein Leben also war von dieser Art. Seine Blüte fällt in das 4. Jahr der 94. Olympiade (401/400 v. Chr.), und den Heereszug (*anabasis*) mit Kyros machte er unter dem Archontat des Xenainetos ein Jahr vor dem Tod des Sokrates.

(56) Er starb, wie Stesikleides aus Athen in seinem *Verzeichnis der Archonten und olympischen Sieger* (*FGrHist* 245 F 3) sagt, im 1. Jahr der 105. Olympiade (360/359 v. Chr.) unter dem Archontat des Kallimedes zur Zeit, als Philippos, Sohn des Amyntas, in Makedonien die Herrschaft antrat. Er starb in Korinth, wie Demetrios aus Magnesia sagt (*Frg.* 13 Mejer), schon in hohem

ἱκανῶς· ἀνὴρ τά τε ἄλλα γεγονὼς ἀγαθὸς καὶ δὴ καὶ φίλιππος καὶ φιλοκύνηγος καὶ τακτικός, ὡς ἐκ τῶν συγγραμμάτων δῆλον· εὐσεβής τε καὶ φιλοθύτης καὶ ἱερεῖα διαγνῶναι ἱκανὸς καὶ Σωκράτην ζηλώσας ἀκριβῶς.

συνέγραψε δὲ βιβλία πρὸς τὰ τετταράκοντα, ἄλλων ἄλλως διαιρούντων· (57) τήν τ' Ἀνάβασιν – ἧς κατὰ βιβλίον μὲν ἐποίησε προοίμιον, ὅλης δὲ οὔ – καὶ Κύρου Παιδείαν καὶ Ἑλληνικὰ καὶ Ἀπομνημονεύματα· Συμπόσιόν τε καὶ Οἰκονομικὸν καὶ Περὶ ἱππικῆς καὶ Κυνηγετικὸν καὶ Ἱππαρχικόν, Ἀπολογίαν τε Σωκράτους καὶ Περὶ πόρων καὶ Ἱέρωνα ἢ Τυραννικόν, Ἀγησίλαόν τε καὶ Λακεδαιμονίων καὶ Ἀθηναίων Πολιτείαν, ἥν φησιν οὐκ εἶναι Ξενοφῶντος ὁ Μάγνης Δημήτριος.

λέγεται δ' ὅτι καὶ τὰ Θουκυδίδου βιβλία λανθάνοντα ὑφελέσθαι δυνάμενος αὐτὸς εἰς δόξαν ἤγαγεν. ἐκαλεῖτο δὲ καὶ Ἀττικὴ Μοῦσα γλυκύτητι τῆς ἑρμηνείας· ὅθεν καὶ πρὸς ἀλλήλους ζηλοτύπως εἶχον αὐτός τε καὶ Πλάτων, ὡς ἐν τῷ περὶ Πλάτωνος λέξομεν.

12 (58) ἔστι δὲ καὶ εἰς τοῦτον ἡμῶν ἐπιγράμματα τοῦτον ἔχοντα τὸν τρόπον·

οὐ μόνον εἰς Πέρσας ἀνέβη Ξενοφῶν διὰ Κῦρον,
  ἀλλ' ἄνοδον ζητῶν ἐς Διὸς ἥτις ἄγοι·
παιδείης γὰρ ἑῇ <γ'> Ἑλληνικὰ πράγματα δείξας,
  ὡς καλὸν ἡ σοφίη μνήσατο Σωκράτεος.

ἄλλο, ὡς ἐτελεύτα·

Alter, ein Mann, der auch sonst gut war, insbesondere aber ein Freund der Pferde, der Jagd und der Taktik, wie aus seinen Schriften offenbar wird. Er war fromm, opferfreudig und kundig in der Deutung von Opfern und ein genauer Nacheiferer des Sokrates.

Er schrieb an die 40 Bücher, die von verschiedenen (Gelehrten) verschieden eingeteilt werden: (57) die *Anabasis* – für die schrieb er in jedem einzelnen Buch ein Vorwort, nicht aber für die ganze – und auch die *Kyrupädie*, die *Hellenika* und die *Memorabilien*, das *Symposion* und den *Oikonomikos* und *Über die Reitkunst* und den *Kynegetikos* und den *Hipparchikos*, die *Apologie des Sokrates* und die *Poroi* (Einkünfte) und den *Hieron oder Tyrannikos*, den *Agesilaos* und auch den *Staat der Lakedaimonier* und (den) *der Athener*, der laut Demetrios von Magnesia (*Frg.* 14 Mejer) nicht von Xenophon stammt.

Man sagt, dass er auch die Bücher des Thukydides, die unbekannt waren, hervorgezogen und, obwohl er sie als seine eigenen hätte ausgeben können, selbst zu Ruhm gebracht hat. Er wurde auch »Attische Muse« genannt, wegen der Anmut der Sprachform. Daher waren er und Platon auch eifersüchtig aufeinander, wie wir im Kapitel über Platon sagen werden (Diogenes Laërtios 3,34).

(58) Es gibt über ihn auch von uns Epigramme, die folgende Art haben (*Anthologia Palatina* 7,97):

> Nicht gegen Persien nur zog Xenophon aufwärts mit Kyros,
> Nein, er suchte zugleich aufwärts zu Zeus einen Weg.
> Hellas' Geschichte uns schildernd erwies er die eigene Bildung,
> Und erinnert, wie schön Sokrates' Weisheit doch war.

Ein anderes, als er gestorben war (*Anthologia Palatina* 7,98):

εἰ καὶ σέ, Ξενοφῶν, Κραναοῦ Κέκροπός τε πολῖται
φεύγειν κατέγνων, τοῦ φίλου χάριν Κύρου·
ἀλλὰ Κόρινθος ἔδεκτο φιλόξενος, ᾗ σὺ φιληδῶν
– οὕτως ἀρέσκῃ – κεῖθι καὶ μένειν ἔγνως.

(59) εὗρον δ' ἀλλαχόθι ἀκμάσαι αὐτὸν περὶ τὴν ἐνάτην καὶ ὀγδοηκοστὴν Ὀλυμπιάδα σὺν τοῖς ἄλλοις Σωκρατικοῖς· καὶ Ἴστρος φησὶν αὐτὸν φυγεῖν κατὰ ψήφισμα Εὐβούλου, καὶ κατελθεῖν κατὰ ψήφισμα τοῦ αὐτοῦ.

γεγόνασι δὲ Ξενοφῶντες ἑπτά· πρῶτος αὐτὸς οὗτος· δεύτερος Ἀθηναῖος, ἀδελφὸς Νικοστράτου τοῦ τὴν Θησηΐδα πεποιηκότος, γεγραφὼς ἄλλα τε καὶ βίον Ἐπαμεινώνδου καὶ Πελοπίδου· τρίτος ἰατρὸς Κῷος· τέταρτος ἱστορίαν Ἀννιβαϊκὴν γεγραφώς· πέμπτος μυθώδη τερατείαν πεπραγματευμένος· ἕκτος Πάριος, ἀγαλματοποιός· ἕβδομος κωμῳδίας ἀρχαίας ποιητής.

Haben dich, Xenophon, auch Kranaos' und Kekrops' Bürger
in die Fremde verbannt, denn du warst Kyros ein Freund.
Hat doch Korinth dich gastlich empfangen, wo du mit Freude
– so gefiel es dir – dort auch zu bleiben beschlossest.

(59) Ich habe anderenorts gefunden, dass seine Blütezeit in die 89. Olympiade (424–420 v. Chr.) zusammen mit den übrigen Sokratikern gefallen sei, und Istros (*FGrHist* 334 F 32) sagt, er sei auf Antrag des Eubulos verbannt worden und auf Antrag desselben zurückgekehrt.

Es hat sieben Männer namens Xenophon gegeben: Der erste ist eben dieser; der zweite aus Athen, Bruder des Nikostratos, des Dichters der *Theseïs*, Verfasser neben anderen Schriften insbesondere des *Lebens des Epameinondas und Pelopidas*; der dritte ein Arzt aus Kos; der vierte der Verfasser einer *Geschichte Hannibals*; der fünfte der Autor einer Sammlung mythischer Wunder; der sechste aus Paros, ein Bildhauer; der siebte ein Dichter der alten Komödie.

ANHANG

Weiterführende Literatur

Editionen und Übersetzungen

H. Stephanus: Xenophontis … quae extant opera, Paris 1581

J. G. Schneider: Xenophontis quae extant, Bd. VI, Leipzig 1838

Ch. H. Dörner: Xenophon's Werke, Bd. XI: Hipparchikus oder Von den Obliegenheiten eines Reiterobersten und Ueber die Reitkunst, Stuttgart 1869

L. Dindorf: Xenophontis scripta minora, Leipzig ^{2}1883

G. Pierleoni: Xenophontis opuscula politica equestria et venatica, Rom 1906

F. Rühl: Xenophontis scripta minora, Bd. II, Leipzig 1912

E. C. Marchant: Xenophontis opera omnia, Bd. V: Opuscula, Oxford 1920

E. C. Marchant: Xenophon VII: Scripta Minora (Loeb Classical Library 183), London 1925, 234–293

G. Pierleoni: Xenophontis opuscula minora (Scriptores Graeci et Latini iussu Beniti Mussolini … editi), Rom ^{2}1937

Éd. Delebecque: Xénophon, L'art equestre, Paris 1950, ^{2}1978

R. Keller: Xenophon. Über die Reitkunst, Heidenheim 1962 u. ö.

K. Widdra: Ξενοφῶντος περὶ ἱππικῆς, Leipzig 1964

K. Widdra: Xenophon, Reitkunst (Schriften und Quellen der Alten Welt 16), Berlin 1965, Neuausgabe Schondorf 2007

Éd. Delebecque: Xénophon, Le commandant de cavallerie, Paris 1973

R. Waterfield und P. Cartledge: Xenophon, Hiero the Tyrant and other treatises, Harmondsworth 1997 (nur Übersetzung)

A. Sestili: L'equitazione nella Grecia antica: I trattati equestri di Senofonte e i frammenti di Simone (Collezione Mercator 84), Florenz 2001

G. Cascarino: Xenofonte. L'arte dell cavalleria. Il manuale del commandante della cavalleria, Rimini 2007

A. Sestili: I trattati equestri di Senofonte e i frammenti di Simone, Rom 2012

Konkordanz

C. Schrader, J. Vela und V. Ramón: Xenophontis operum Concordantiae, Bd. V: Opuscula 2, Hildesheim 2008

Weitere genannte Quellen und Fragmentsammlungen

Ailianos – Vermischte Forschung, griechisch und deutsch v. K. Brodersen (Tusculum), Berlin 2018

Aineias (Aeneas Tacticus) – Poliorketika / Stadtverteidigung, griechisch und deutsch v. K. Brodersen (Tusculum), Berlin 2017

Anthologia Palatina – Die Griechische Anthologie, deutsch v. D. Ebener (Bibliothek der Antike), 3 Bde., Berlin 1991

Aristippos – K. Müller: Fragmenta Historicorum Graecorum (*FHG*), Bd. II, Paris 1848; T. Dorandi: Il Περὶ παλαιᾶς τρυφῆς attribuito a Aristippo, in: M. Erler und S. Schorn (Hgg.): Die griechische Biographie in hellenistischer Zeit, Berlin 2007, 157–172

Aristophanes
– Lysistrate, griechisch und deutsch v. N. Holzberg, Stuttgart 2012
– Wolken, deutsch v. N. Holzberg, Stuttgart 2014

Aristoteles
– Der Staat der Athener, deutsch v. M. Dreher, Stuttgart 1986
– Fragmente: V. Rose: Aristotelis qui ferebantur librorum fragmenta, Leipzig ³1886
– Politik, deutsch v. F. F. Schwarz, Stuttgart 1989

Athenaios – Gelehrtenmahl, deutsch v. C. Friedrich und Th. Nothers, 3 Bde. in 5, Stuttgart 1998–2001

Deinarchos – N. C. Conomis: Dinarchi orationes, Leipzig 1975

Demetrios von Magnesia – J. Mejer: Demetrius of Magnesia, On Poets and Authors of the Same Name, in: Hermes 109, 1981, 447–472

Diogenes Laërtios – s. u. S. 172

Ephoros – F. Jacoby: Die Fragmente der griechischen Historiker *(FGrHist)*, Bd. II A, Berlin 1926, Nr. 70

Harpokration – W. Dindorf: Lexicon in decem oratores Atticos, Oxford 1853

Hermippos – F. Wehrli: Hermippos, der Kallimacheer (Die Schule des Aristoteles, Suppl. 1), Basel und Stuttgart 1974

Hippiatrica Berolinensia – E. Oder und C. Hoppe: Corpus hippiatricorum Graecorum, Bd. I, Leipzig 1924 (Nachdr. 1971)

Inscriptiones Graecae, Band II/III³ 4, 1 – Inscriptiones Atticae Euclidis anno posteriores, editio tertia, pars IV: Dedicationes et tituli sacri, fasc. 1, hg. v. J. Curbera u. a., Berlin 2015

Istros – F. Jacoby: Die Fragmente der griechischen Historiker *(FGrHist)*, Bd. III 3 B, Leiden 1954, Nr. 334

Lysias – Reden, griechisch und deutsch v. I. Huber, 2 Bde., Darmstadt 2004–2005

Mnesimachos – R. Kassel und C. Austin: Poetae Comici Graeci, Bd. VII, Berlin 1989

Pausanias – Reisen in Griechenland, deutsch v. E. Meyer und F. Eckstein, 3 Bde., Zürich und München ³1986–1989

Polydeukes (Pollux): E. Bethe: Onomasticon, 3 Bde., Leipzig 1900-1937

Simon – s. u. S. 172

Stesikleides – F. Jacoby: Die Fragmente der griechischen Historiker *(FGrHist)*, Bd. II D, Berlin 1930, Nr. 245

Suda – A. Adler: Suidae Lexikon, 5 Bde. Leipzig 1928–1938

Thukydides – Der Peloponnesische Krieg, griechisch und deutsch v. M. Weißenberger (Tusculum), Berlin 2017

Timon – H. Diels: Poetarum Philosophorum Fragmenta (Poetarum Graecorum Fragmenta III 1), Berlin 1901; H. Lloyd-Jones und P. J. Parsons: Supplementum Hellenisticum (Texte und Kommentare 11), Berlin und New York 1983

Xenophon

- *Anabasis.* Xenophon, Der Zug der Zehntausend, griechisch und deutsch v. W. Müri und B. Zimmermann (Tusculum), München 1990
- *Hellenika.* Xenophon, Hellenika, deutsch v. W. Will, Wiesbaden 2017
- *Kynegetikos.* Xenophon und Arrianos, Jagd und Jagdhunde, griechisch und deutsch v. K. Brodersen (Tusculum), Berlin 2018
- *Kyrupädie.* Xenophon, Die Erziehung des Kyros, griechisch und deutsch v. R. Nickel (Tusculum), München 1992
- *Memorabilien.* Xenophon, Erinnerungen an Sokrates, griechisch und deutsch v. P. Jaerisch (Tusculum), München ⁴1987
- *Oikonomikos* und *Poroi.* Oikonomika. Quellen zur Wirtschaftstheorie der griechischen Antike, griechisch und deutsch v. G. Audring und K. Brodersen (Texte zur Forschung 92), Darmstadt 2008
- *Staat der Spartaner.* Xenophon, Die Verfassung der Spartaner, griechisch und deutsch v. St. Rebenich (Texte zur Forschung 70), Darmstadt 1998

Simon

F. Blaß: Simonis Atheniensis de re equestri libri fragmentum nuper repertum, in: Liber miscellaneus editus a Societate Philologica Bonnensi [= Festschrift für Friedrich Ritschl], Bonn 1864, 49–59

F. Rühl: Xenophontis scripta minora, Bd. II, Leipzig 1912, 196–197

Diogenes Laërtios

M. Marcovich: Diogenis Laertii Vitae philosophorum, Bd. I, Stuttgart 2008

F. Jürß: Diogenes Laertios, Leben und Lehre der Philosophen, Stuttgart 1998

Studien

S. Agrimonti: Xenophon's Piety within the Hipparchikos, in: K. Ulanowski (Hg.): The Religious Aspects of War in the Ancient Near East, Greece, and Rome (Culture and History of the Ancient Near East 84), Leiden 2016, 194–205

J. Althoff: Form und Funktion der beiden hippologischen Schriften Xenophons Hipparchicus und De re equestri (mit einem Blick auf Simon von Athen), in: Th. Fögen (Hg.): Antike Fachtexte. Ancient Technical Texts, Berlin 2005, 235–252

J. K. Anderson: Ancient Greek Horsemanship, Berkeley und Los Angeles 1961

– Military Theory and Practice in the Age of Xenophon, Berkeley und Los Angeles 1970

– Xenophon, London 1974

– Hunting in the Ancient World, Berkeley und Los Angeles 1985

A. Blaineau: Le cheval de guerre en Grèce ancienne, Rennes 2015

H. R. Breitenbach: Xenophon, in: Realencyclopädie der Classischen Altertumswissenschaft IX A 2, 1967, 1569-2052 (auch als Sonderdruck Stuttgart 1966)

G. R. Bugh: The Horsemen of Athens, Princeton NJ 1988

L. Burckhardt: Söldner und Bürger als Sodaten für Athen: Aspekte der politischen und militärischen Rolle Athenischer Bürger im Kriegswesen des 4. Jahrhunderts v. Chr. (Historia Einzelschriften 101), Stuttgart 1996

A. Busetto: War as Training, war as Spectacle. The *hippika gymnasia* from Xenophon to Arrian, in: G. Lee, H, Whittaker und G. Wrightson (Hgg.): Ancient Warfare. Introducing Current Research, Bd. I, Newcastle upon Tyne 2015, 147–171

R. F. Buxton (Hg.): Aspects of Leadership in Xenophon (Histos Supplement 3), Newcastle upon Tyne 2016

J. McK. Camp: Die Agora von Athen. Ausgrabungen im Herzen des klassischen Athen (Kulturgeschichte der antiken Welt 41), Mainz 1989

– und C. A. Mauzy: Die Agora von Athen. Neue Perspektiven für eine archäologische Stätte (Zaberns Bildbände zur Archäologie), Mainz 2009

J. Dillery: Xenophon and the History of his Times, London und New York 1995

– Xenophon, The Military Review and Hellenistic *pompai*, in: Chr. Tuplin (Hg.): Xenophon and his World (Historia Einzelschriften 172), Stuttgart 2004, 259–276

E. Ekman: Zu Xenophons Hipparchikos, Diss. Uppsala 1933

G. Fischer: Die jungen Reiter am Parthenonfries, in: R. von den Hoff und St. Schmidt (Hgg.): Konstruktionen von Wirklichkeit. Bilder im Griechenland des 5. und 4. Jahrhunderts v. Chr., Stuttgart 2001, 183–195

M. A. Flower (Hg.): The Cambridge Companion to Xenophon, Cambridge 2016

R. E. Gaebel: Cavalry Operations in the Ancient Greek World, Oklahoma 2002

G. Hutchinson: Xenophon and the Art of Command, London 2002

D. F. Jackson: A New Look at the Manuscripts of Xenophon's Hipparchicus, in: Classical Quarterly n. s. 40, 1990, 176–186

J. H. Kroll: An Archive of the Athenian Cavalry, in: Hesperia 46.2, 1977, 83–140

J. Lendon: Soldiers and Ghosts. A History of Battle in Classical Antiquity, New Haven CT 2005

M. H. Morgan: Xenophon. The Art of Horsemanship, Boston 1893 (Nachdr. Mineola NY 2006)

Ch. Mueller-Goldingen: Xenophon. Philosophie und Geschichte, Darmstadt 2007

R. Nickel: Xenophon (Erträge der Forschung 111), Darmstadt 1979, Neuausgabe Marburg 2016

C. Scardino: Xenophon von Athen, in: B. Zimmermann und A. Rengakos (Hgg.): Handbuch der griechischen Literatur der Antike, Bd. II, München 2014, 623–631

W. Schmitz: Die Opfer des Krieges. Xenophon und die Wahrnehmung des Krieges in der griechischen Historiographie, in: M. Rathmann (Hg.): Studien zur antiken Geschichtsschreibung, Bonn 2009, 55–84

Ph. Sidnell: Warhorse. Cavalry in Ancient Warfare, London 2006

I. G. Spence: The Cavalry of Classical Greece. A Social and Military History with particular reference to Athens, Oxford 1993

T. Stevenson: An Ideal Leader. Xenophon's Hipparchikos (How to be a Cavalry Commander), in: Classicum 26.2, 2000, 2–5

– Cavalry Uniforms on the Parthenon Frieze?, in: American Journal of Archaeology 107, 2003, 629–654

O. Stoll: For the Glory of Athens: Xenophon's Hipparchikos Logos. A Technical Treatise and Instruction Manual on Ideal Leadership, in: Studies in History and Philosophy of Science, Part A 43, 2006, 250–257

– Zum Ruhme Athens. Wissen zum Wohl der Polis. Xenophons Ideal einer Führungspersönlichkeit und Athens Reiterei im Hipparchikos <Logos> (Altertumswissenschaften/Archäologie 3), Berlin 2010

N. Wood: Xenophon's Theory of Leadership, in: Classica et Mediaevalia 25, 1964, 33–66

L. J. Worley: Hippeis. The Cavalry of Ancient Greece, Oxford 1994

Register